청춘의 함성
시민의 합창

키워드로 읽는 부마민주항쟁

청춘의 함성, 시민의 합창
- 키워드로 읽는 부마민주항쟁 -

2판 1쇄 발행 2022년 4월 7일

지 은 이 최현진 서상균 신심범
발 행 인 조송현
디 자 인 백미숙

펴 낸 곳 인타임
문   의 051 - 711 - 3101
팩   스 051 - 711 - 3102
이 메 일 pinepines@injurytime.kr
등록번호 제2018-000004호

ISBN   979-11-91685-11-4 (값 16,000원)

※ 이 도서는 부산시 지역발전지원보조금을 받아 제작되었습니다.
※ 이 책의 무단전재와 무단복제를 금하며, 책 내용의 전부 또는 일부를 이용하려면
   반드시 저자의 동의를 받아야 합니다.
※ 잘못 만들어진 책은 구입하신 곳에서 교환하여 드립니다.

키워드로 읽는 부마민주항쟁

청춘의 함성
시민의 합창

책을 펴내며

저자가 이 책을 기획한 것은 2021년 3월입니다. 부산시 지역신문발전위원회 사업계획 공모를 앞두고 뭘 할까 고민했습니다. 그러던 중 국제신문 편집국 사회부장으로 있을 때 기획한 부마민주항쟁 기사가 떠올랐습니다. 당시 부마민주항쟁진상규명위원회가 작성한 부마민주항쟁 보고서가 부실하다는 지적이 있었습니다. 사회부 기자들은 「다시 쓰는 부마항쟁 보고서」를 2018년 9월 창간기념 기획으로 연재를 시작했습니다. 이후에도 「다시 쓰는 부마항쟁 보고서」는 두 번이나 더 연재하게 됩니다. 국제신문 사회부는 이 같은 과정에서 부마민주항쟁 발생일을 국가기념일로 제정하는 데 힘을 보탰습니다. 부마민주항쟁보상법을 현실에 맞게 개정하는 데에도 노력을 기울였습니다. 무엇보다 정부 공식 보고서가 제대로 나오도록 분위기를 조성하는 데 한몫했다고 자부합니다. 이 기사를 쓴 기자들은 국내 최고 기자상인 한국언론상을 받았습니다. 2021년에는 이를 토대로 「10월의 이름들」이라는 제목의 다큐멘터리 영화를 제작해 부산국제영화제에 출품, 상영하기도 했습니다.

이 같은 일들을 떠올리자 부마민주항쟁을 책으로 만들면 좋겠다는 생각이 들었습니다. 저의 구상에 선배인 국제신문 서상균 편집미술기자가 그림을 맡겠다고 호응했습니다. 이렇게 두 사람이 의기투합했지만 막상 작업을 시작하려니 막막했습니다. 그래서 당시 국제신문 인문학 칼럼 필자인 홍순권 동아대 명예교수를 찾아갔습니다. 부마민주항쟁진상규명및명예회복심의위원장인 홍 교수를 만나면 뭔가 구체적인 아이디어를 잡을 수 있을 것 같았습니다. 대화를 나누는 과정에서 10대와 20대가 부마민주항쟁을 잘 모른다는 사실을 알게 되었습니다. 그래서 이들이 쉽게 이해하고 관심을 가질 만한 책을 써보자는 쪽으로 의견을 모았습니다.

또 민주공원과 부마민주항쟁기념재단도 방문해 책의 취지를 설명하고 자문을 구했습니다. 부마민주항쟁진상규명위가 낸 부마항쟁보고서를 탐독했습니다. 조갑제 국제신문 선배의 『유고』도 어렵게 구해 읽어보았습니다. 재단이 낸 각종 구술서적도 참고했습니다. 홍순권 위원장 등이 쓴 『부마항쟁의 진실을 찾아서』도 도움이 됐습니다. 차성환 부마민주항쟁진상규명위 상임위원이 펴낸 『부마항쟁과 민중』은 노동자의 시각으로 부마항쟁을 바라볼 수 있게 했습니다. 국제신문을 비롯한 당시 신문의 보도도 뒤져보았습니다.

코로나19로 힘든 시기를 보내고 있는 부산시민에게 뭔가 힘이 될 만한 것이 있다면 부산이 자랑스러운 부마항쟁의 발원지라는 점을 꼽고 싶습니다. 서슬 퍼런 시절 용기를 낸 자랑스러운 부산지역 대학생과 시민이 있기에 오늘날 한국의 민주주의가 발전했다는 데 누가 이견을 달겠습니까.

이 책을 발간하는 데 도움을 주신 도서출판 인타임의 조송현 대표에게 감사의 말씀을 전합니다. 책을 내는 데 용기를 준 부마민주항쟁기념재단의 정영배 사무처장과 이동일 민주항쟁기념사업회 사무처장도 고맙게 생각합니다. 무엇보다 같이 집필한 신문사 후배 신심범 기자에게도 이 자리를 빌려 고마움을 전합니다. 새벽에 일어나 작업하느라 잠을 깨우기도 했지만 묵묵히 참아준 아내에게도 고맙다는 말을 꼭 전하고 싶습니다.

2021년 12월 국제신문 편집국에서 **최현진**

축 사

청소년을 위한 부마민주항쟁 교양서 발간을 축하하며

송기인 부마민주항쟁기념재단 이사장

　국제신문사에서 청소년을 위한 부마민주항쟁 교양서,『청춘의 함성, 시민의 합창 – 키워드로 읽는 부마민주항쟁』을 펴낸다고 하니 무척 반갑습니다.

　부산은 대한민국 민주화운동의 시기마다 큰 역할을 하였습니다. 1960년 4·19혁명 때는 경남공업고의 강수영 열사를 비롯한 경남고 데레사여고 동래고 동아고 부산고 혜화여고 해동고 등의 고등학생들이 시위에 앞장섰습니다. 1979년 10월 16일 부산대 학생들의 시위로 시작된 부마민주항쟁은 박정희 18년 군부독재를 무너뜨렸습니다. 1987년 6월 부산은, 서울 명동성당 농성이 막을 내리고 6월항쟁이 소강 국면을 맞았을 때 부산가톨릭센터 농성을 시작하며 항쟁의 불꽃이 다시 전국적으로 타오르는 계기를 만들었습니다. 2016, 2017년 촛불혁명 시기 부산은 전국에서 가장 마지막까지 촛불을 켰으며 서울과 함께 매일 집회를 이어간 곳입니다.

　특히 부마민주항쟁은 서슬 퍼런 박정희 유신독재에 모두 숨죽이던 1979년 10월 16일 부산에서 발발했습니다. 부산에서 시작된 항쟁의 불길은 마산과 경남 일대로 확대되었습니다. 무소불위의 공안 권력에 대한 두려움에도 불구하고 시민과 학생들은 목숨을 걸고 거리로 나섰고 유신독재를 무너뜨렸습니다. 박정희 18년 독재를 종식시킨 것은 한 발의 총알이 아니라 부산과 마산의 시민들이 외친 "독재 타도! 유신 철폐!"의 함성이었습니다.

부마민주항쟁은 폭력적인 탄압을 일삼던 유신시기에 일어난 최초이자 최대의 시민항쟁으로 군부독재에 저항하는 시민저항을 본격적으로 열었습니다. 부마민주항쟁은 5·18민주화운동과 6월민주항쟁으로 이어지는 군사정권에 저항하는 대한민국 민주화의 여정에서 첫 번째 디딤돌을 놓았습니다.

그러나 부마민주항쟁은 한국 민주화운동 역사에서의 뚜렷한 족적에도 불구하고 상대적으로 저평가되어왔습니다. 부마민주항쟁 40주년이 되는 2019년에야 국가기념일로 지정되었고, 정부의 진상조사보고서는 박근혜 정부 시기 부실 논란을 겪고 올해 연말 나올 예정입니다.

게다가 2019년 부마민주항쟁 40주년을 맞아 실시한 부마민주항쟁기념재단의 인지도 조사에 따르면 부산에서조차 부마민주항쟁 인지도는 54%에 불과하다고 합니다. 특히 10대 청소년의 경우 약 75%가 부마민주항쟁을 제대로 인지하지 못하고 있다고 합니다. 우리 고장에서 일어난 자랑스러운 민주화운동에 대해 자라나는 청소년들이 잘 알지 못하는 것은 안타까운 일입니다.

이에 국제신문사에서 발간하는 청소년을 위한 부마민주항쟁 입문서는 큰 의미가 있다고 생각합니다. 『청춘의 함성, 시민의 합창』은 청소년들이 쉽게 접근할 수 있도록 일러스트를 넣고 관심도를 높이기 위해 100여 개의 키워드로 부마민주항쟁을 설명하고 있습니다. 어려운 여건 속에서 청소년을 위한 부마민주항쟁 책자를 발간해주신 국제신문사 배재한 사장님을 비롯한 집필자 선생님께 감사드립니다.

마지막으로 민주화운동의 굽이마다, 특히 박정희 유신독재 정권에 온몸으로 맞선 부산 시민에게 깊은 경의를 표합니다.

추천사

부마민주항쟁의 귀중한 기록

김석준 부산시교육감

　부산과 마산에서 전개된 자랑스러운 민주화운동의 생생한 기록을 담은 값진 책이 출판된 것을 매우 기쁘게 생각합니다. 부마민주항쟁은 대한민국 현대사의 4대 민주항쟁의 하나로 평가받습니다. 그럼에도 항쟁에 참여했던 인물들의 증언과 사료가 제대로 발굴되지 못했고 기록물도 부족해서 무척 안타까웠습니다. 이러한 상황에서 『청춘의 함성, 시민의 합창 - 키워드로 읽는 부마민주항쟁』이 나온 것은 참으로 대단한 의미를 지닌다고 하겠습니다.

　10·16부마민주항쟁은 1980년 5·18광주민주화운동과 1987년 6월민주항쟁의 초석을 마련한 유신시대 최초이자 최대의 시민항쟁이었습니다. 항쟁에 참여한 분들의 피와 땀은 우리나라 민주주의 발전의 밑거름이 되었습니다. 그러나 그 가치와 의미를 인정받기까지 오랜 시간이 걸렸습니다. 2013년에 「부마민주항쟁 관련자의 명예회복 및 보상 등에 관한 법률」이 제정·시행됐고, 2019년에 이르러 국가기념일로 지정되었습니다.

　그동안 지역사회에서는 "더 늦기 전에 부마민주항쟁에 얽힌 증언과 진실을 발굴하는 작업을 서둘러야 한다."는 목소리가 높았습니다. 다행히 국제신문이 정론직필을 추구하며 걸어온 민주주의의 파수꾼 역할에 걸맞게 항쟁의 진실을 캐고 기록을 정리하는 일의 선봉에 섰습니다. 그 노력의 결실로 『청춘의 함성, 시민의 합창』을 선을 보이게 되었다고 생각합니다.

이제 우리는 18년 유신 독재를 끝장내는 결정적 계기가 되었던 부마민주항쟁의 자랑스러운 역사를 정리한 귀중한 책을 잘 활용해야겠습니다. 저자들이 방대한 자료를 수집·분석하고 체계적인 검증을 거쳐 기술한 내용들은 사료적 가치도 매우 높습니다. 특히, 부마민주항쟁의 자랑스러운 역사에 대하여 미래세대와 공유하고 그 정신을 계승하는 데도 큰 도움이 될 것입니다. 이는 부마민주항쟁을 직접 경험하지 못한 세대에게 안겨줄 수 있는 '대단한 선물'이 아닌가 싶습니다.

이 책은 부마민주항쟁에 대하여 키워드를 중심으로 쉽게 정리했다는 점에서도 주목을 받습니다. 숭고하고 자랑스러운 역사를 후세에 전하고, 교육적 활용도를 높이는 데 크게 기여할 것으로 기대합니다. 이렇게 값진 도서를 출판하게 된 것은 저자들의 열정과 치열한 역사의식, 민주화운동에 대한 올곧은 인식이 있었기에 가능했다고 생각합니다.

부산시교육청은 부마민주항쟁 등 우리 지역 민주화운동의 역사와 그 의미를 미래세대에게 심어주기 위해 다양한 교육과 체험프로그램을 운영하고 있습니다. 특히, 『부산, 민주 길을 걷다』란 초·중·고생용 워크북을 발간하여 활용 중입니다. 우리 교육청은 앞으로 민주시민교육 차원에서 『청춘의 함성, 시민의 합창』을 활용하여 지역민주화운동을 교육과정에 담아내고자 합니다.

우리 현대사는 산업화와 민주화라는 두 축을 중심으로 세계가 놀랄 만한 발전을 이뤘습니다. 이 책은 민주화 과정의 값진 여정과 관련해 많은 메시지를 던져줄 것이라 믿습니다. 아울러 미래세대에게 민주주의의 가치를 일깨우는 훌륭한 교육자료가 될 것으로 기대합니다. 『청춘의 함성, 시민의 합창』이 부산지역 민주화운동의 역사를 배우고, 그 정신을 계승하는 디딤돌이 되기를 바랍니다.

추천사

『키워드로 읽는 부마항쟁』을 추천하며

홍순권(부마민주항쟁진상규명위원회 위원장)

　부마민주항쟁은 한국 민주화운동사에서 이른바 4대 민주항쟁의 하나로 자리매김한, 한국 민주주의의 발전에 획기적인 기여를 한 역사적 사건입니다. 1979년 10월 16일 유신독재에 반대하는 부산대 학생들의 교내 시위로 시작되어 부산과 마산 시민들의 반독재 민주화 투쟁으로 발전한 민중항쟁입니다. 그 결과 10·26사건으로 박정희 유신독재의 종말을 고하게 만든 부마민주항쟁의 민주주의 정신은 5·18광주민주화운동과 6·10민주항쟁으로 이어져 한국 민주주의의 디딤돌이 되었습니다.

　유신독재의 붕괴에 결정적 역할을 한 부마민주항쟁은 부산시민에는 더 말할 나위 없는 자랑스러운 역사이지만, 역설적이게 부산시민의 기억 속에 오랫동안 잊혔습니다. 다행히도 2019년 부마민주항쟁 40주년을 맞아 그 이름이 다시 역사 앞에 호명되어 부마민주항쟁이 일어난 10월 16일이 국가기념일이 되었고, 또 7년간 지속된 부마민주항쟁 진상규명 작업이 일단락되어 진상조사보고서의 출간을 눈앞에 두고 있습니다. 그러함에도 불구하고 여전히 부마민주항쟁의 역사적 위상과 의의에 대한 대중들의 인식은 그 사건의 중요성에 비추어서도 매우 부족한 편입니다. 물론 그동안 부마민주항쟁의 진상을 널리 알리기 위한 많은 노력이 있었습니다. 단행본 저술이나 학술 논문도 적지 않게 나왔고, 또 『부산민주운동사』와 같은 공식적인 기록도 발간되었습니다. 그러나 이러한 글들을 접한다고 해도 당시 부산과 마산의 시위

현장 모습도 지금과는 달라 당시 삶을 살았던 세대가 아니고서는 당시의 정치적 상황은 물론 사건의 전개 과정을 제대로 이해하기가 쉽지 않습니다.

이처럼 부마민주항쟁에 관한 인식의 대중화에 무엇인가 2%의 아쉬움을 느끼던 차에 국제신문사가 『청춘의 함성, 시민의 함창 - 키워드로 읽는 부마민주항쟁』을 발간한 것은 매우 반갑고 의미 있는 일이 아닐 수 없습니다. 무엇보다 이 책은 부마민주항쟁과 관련된 여러 핵심 키워드를 재미있고 쉬우면서도 친절하게 요약하였습니다. 특히 당시에 존재했던 사회조직이나 단체, 지금의 젊은 세대에게는 낯선 용어나 관행 등을 이해하기 쉽게 정리해 놓아 부마민주항쟁 당시 일어났던 여러 사건들의 맥락과 항쟁 전후로 일어난 사회적 쟁점들이 명료하게 이해할 수 있도록 했습니다. 더구나 당시 현장의 모습과 함께 주요 관련 당사자들의 전언을 생생하게 담아내어 글을 읽는 재미도 적지 않습니다.

무엇보다 이 책은 부마민주항쟁의 원인과 배경, 그리고 항쟁의 성격을 이해하는 큰 도움이 될 뿐만 아니라 적절한 키워드의 구성과 간명하고 정확한 설명으로 인해 부마민주항쟁에 대한 바른 인식의 대중적 확산에 크게 기여할 것으로 기대됩니다. 부마민주항쟁의 정신인 민주주의와 인권은 현대 인류 사회가 지향하는 보편적 가치이며, 미래를 열어가는 핵심적 가치라는 점에서 그 교육적 의미도 큽니다. 그러한 점에서 우리 사회의 미래를 열어 나아가야 할 청소년들에게 이 책의 일독을 간곡히 권하고 싶습니다.

Contents

004 • 책을 펴내며
축사 – 송기인 부마민주항쟁기념재단 이사장
추천사 – 김석준 부산시교육감
추천사 – 홍순권 부마민주항쟁진상규명위원회 위원장

015 • 제1부 폭풍전야
박정희 / 유신 / 사법권 침해 / 민주공화당 / 차지철 / 신민당 / 긴급조치 9호 / 삼일공사, 부산501보안부대 / 부가가치세 / YH무역 / 김경숙 / 지미 카터 / 김영삼 / 삼화고무 / 가위 / 부산양서판매이용협동조합 / 중부교회 / 상담지도관실 / 부산공전 / 보림여관 205호실 / 등사기 / 선언문

073 • 제2부 거대한 불꽃
　075 • 제1장 부산
부산대 / 스크럼 / "몸 푸는 권투선수" / 독재 타도 / 애국가 / 언론사 공격 / 중부산세무서 / 관계기관 대책회의 / 충정작전 / 페퍼포그 / 사과탄 / 동래경찰서 / 달궈진 연탄 / 파출소 / 남매의 기지 / 소복 여인 / 반도호텔 / 문교부 / 부영극장 / 국제시장 / 학도호국단 / 남민전 / 동아대 / 김재규 / 제보 / 조작

139 ● **제2장 계엄령**

계엄령 / 계엄사령관 / 권정달 / 공수부대 특전사 / 전두환 / 통금 / 부산여대 / 두들겨 맞은 경찰 / 토끼몰이 / 언론 통제 / VOA 방송 중지 / 외신 통제 / 유언비어 / 음 ~ / 히트 앤 런(Hit And Run) / 고교생 시위 / 황당한 구금 / 야당 사찰 / 전차-택시 충돌사고

191 ● **제3장 마산**

한일합섬 / 박종규 / 마산수출자유지역 / 경남양서조합 집현전 / 격문 / 경남대 / 3·15의거탑 / 마산경찰서 / 위수령 / 사제 총기 / 39사단 / 반상회 / 편의대 / 14세 / "남편입니다." / 오동동 문화광장의 부마민주항쟁 상징조형물

231 ● **제3부 10월의 이름들**

거대한 불꽃, 부마민주항쟁 / 학장동 벽보 / 위로금 / 고문 / 낙인 / CIA 비밀문서 / 글라이스틴 / 1084일 / 313명 / 삼청교육대 / 광주민주화운동 / 걸개그림 / 부마항쟁 발원지 표지석 / 부마민주항쟁보상법 / 부마민주항쟁진상 규명위원회 / 사망자 / 해직 / 형제복지원 / 국가기념일 / 10월의 이름들

286 ● **에필로그**

우리 민주주의는 그냥 주어지지 않았다
민주주의 역사라는 거인의 어깨 위에 서서

청춘의 함성, 시민의 합창
키워드로 읽는 부마민주항쟁

제1부
폭풍전야

001
박정희

영구집권 노렸으나

박정희가 누구인줄 모르는 사람은 아마 거의 없을 겁니다. 그는 1961년 5·16 쿠데타로 정권을 잡은 뒤 1963년 5대 대통령부터 1978년 9대 대통령까지 모두 다섯 번이나 대통령에 올랐습니다. 하지만 1979년 10월 26일 김재규 중앙정보부장의 총에 운명을 달리했습니다.

1917년 11월 14일생인 그는 1926년 4월 구미공립보통학교에 입학했습니다. 1932년 대구사범학교에 들어갔지만 성적은 그다지 뛰어나지 않았다고 합니다. 1937년 졸업하고 3년간 교사로 근무하다 만주국 육군군관학교에 입학했습니다. 일제가 패망할 때까지 일제가 수립한 만주국의 일제관동군 장교로 근무했습니다. 당시 '다카기 마사오'로 창씨개명도 했습니다. 이런 전력 때문에 친일인사로 몰리기도 했습니다. 해방 후 귀국해 대한민국 국군 장교를 지내다 남조선로동당에 입당해 활동했습니다. 여수·순천 사건에 연루돼 사형을 선고받았습니다. 하지만 육군본부 정보국장이었던 백선엽과의 면담에서 사형을 면했습니다. 이런 전력 때문에 야당으로부터 좌익으로 공격받았습니다.

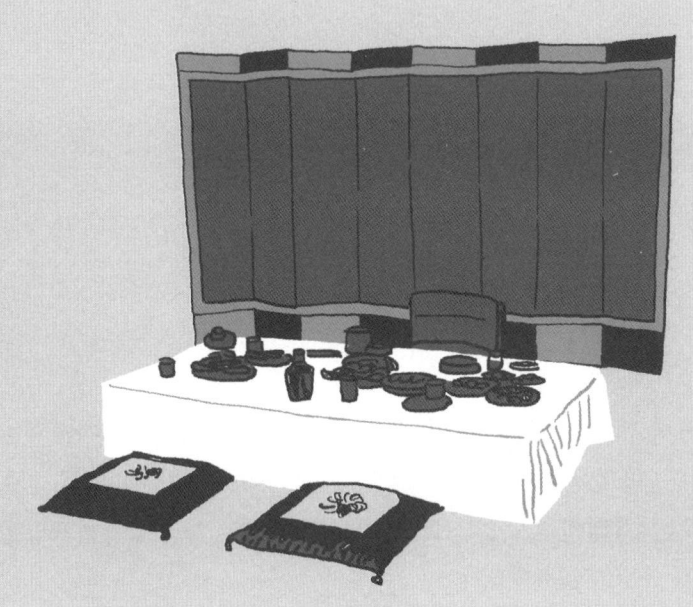

부마민주항쟁이 일어나자 박정희 대통령은 계엄령을 선포해 진압했습니다. 육군본부「계엄사」를 보면 그는 부마민주항쟁을 일부 몰지각한 자들이 배후에서 저지른 것으로 판단했습니다. 그래서 불순세력을 색출하기 위해 수사를 지시했습니다. 부마민주항쟁이 비상계엄으로 진압된 후 그는 시위 배후세력으로 신민당을 지목했습니다. 1979년 10월 26일 궁정동 만찬에서 그는 "부산사태는 신민당이 개입해서 하는 일인데 괜히 놀래가지고 야단들이야, 오늘 삽교천에 가보았지만 대다수 국민은 열심히 일하는데 부산 데모만 하더라도 식당 뽀이, 똘마니들이 대부분이다. 신민당에서 계획한 일이 분명한데도 괜히 개각해야 하느니 국회의장을 사퇴시켜야 하느니 떠들고 있어. 중앙정보부는 앞으로 더 정확한 정보를 수집해야 하겠어."라고 말했습니다. 이는 김계원 청와대 비서실장이 증언한 내용입니다.

박정희 대통령이 부마민주항쟁을 대하는 인식은 다른 도시로 확산될 가능성이 크다고 본 김재규 중앙정보부장과는 큰 차이를 보였습니다. 이러한 박 대통령의 인식은 국가기관들의 국민에 대한 폭력을 부추겼고, 장기집권의 동원기구로 전락하게 했습니다.

유신 002

제도나 체제를 완전히 바꿔
새롭게 한다는 뜻

우리나라 정치에서는 박정희 대통령의 '10월 유신'이 있었습니다. 1972년 10월 17일 위헌적 계엄과 국회 해산, 헌법 정지 등을 골자로 한 특별선언입니다. 박정희 대통령은 비상조치 국민투표로 1972년 12월 27일 제3공화국 헌법을 개정했습니다. 유신헌법이 발효된 기간을 유신체제라고 부릅니다. 이 체제 아래에서 대통령은 국회의원 3분의 1과 법관을 임명할 수 있습니다. 긴급조치권과 국회해산권을 가지며 임기 6년으로 제한 없이 연임할 수 있습니다. 대통령 선거 방식도 직접 선거제도에서 통일주체국민회의에 의한 간접선거제도로 바꾸었습니다. 유신체제는 결국 대통령이 행정 입법 사법 3권을 모두 쥐고 종신집권이 가능하도록 설계된 독재체제였습니다.

부마민주항쟁 당시에도 유신체제였습니다. 1970년대 후반은 유신체제의 억압과 탄압에 맞서 시민사회의 저항·비판의식이 전국으로 번져 나가던 시기였습니다. 학생들의 언더서클, 종교계의 민주화, 노동운동 등이 부산과 마산에도 영향을 끼쳤습니다. 부마민주항쟁도 이런 시대적 배경을 타고 시작됐습니다. 그럼에도 당시 대학생과 시민의 항쟁이 얼마나 용기가 필요한 행동이었는지 알 수 있습니다. 부마민주항쟁은 이런 유신체제에 종지부를 찍은 역사적인 민주화운동이었습니다.

003
사법권 침해

대통령의 통제 아래

● 유신헌법은 사법부를 대통령이 통제할 수 있는 시스템으로 바꾸었습니다. 대법원장은 유신 이전에는 법관추천회의의 제청과 국회동의를 얻어 대통령이 임명했습니다. 하지만 유신체제에서는 대통령이 지명하고 국회가 동의하는 것으로 바꾸었습니다. 입법부의 3분의 2가량을 집권여당이 장악하는 구조를 만들어 놓았기 때문에 이런 임명체제에서는 사실상 대통령이 전권을 쥐는 것입니다.

유신정권이 무너진 직후인 1980년 2월 서울제일변호사회가 당시 현직 법관 171명에게 유신시절 정부 권력이 사법부에 압력을 행사했는지 여부를 설문조사했습니다. 그랬더니 재판과 법관의 독립이 완전하게 보장됐다고 답한 사람이 1명에 불과했습니다. 법관 인사가 공정했다고 응답한 법관은 3명뿐이었습니다.

경찰은 즉결심판 재판정에서 조서와 다른 내용을 말하지 말라고 시위 참가자들에게 협박했습니다. 판사에게 아무런 말을 하지 말고 대꾸도 하지 말라고 종용했습니다. 조사 과정에서 폭력과 고문을 당한 이들은 무서워 이런 말을 할 수 없었습니다. 이는 명백한 사법권 침해였습니다.

즉결심판을 진행하는 구류재판소 판사 역시 조서 내용에 관심을 기울이지 않고 피고인의 얼굴도 쳐다보지 않고 판결을 내렸습니다. 재판부의 판결에 "이의 있습니다."라고 말했다가 구류 기간이 배로 늘어난 사람도 있었습니다. 심지어 이의 제기자가 속한 대열에 있는 다른 사람도 이의 제기자와 같이 구류기간이 늘기도 했습니다. 사법권이 침해된 것도 있지만 판사 스스로 권력의 눈치를 보며 상식 이하의 판결을 한 경우도 많았던 것입니다.

004 민주공화당

부마민주항쟁 당시 집권 여당

● 부마민주항쟁이 일어났을 당시 대한민국의 집권여당입니다. 당시 총재는 대통령 박정희였습니다. 그는 1963년 8월 31일부터 총재였습니다. 초대 총재는 충북 옥천이 고향이고 검사를 했던 변호사 정구영이었습니다. 정구영은 1961년 5·16쿠데타 이후 1963년 2월 창당된 민주공화당의 초대 총재로 임명됐습니다. 1972년 10월 유신이 선포된 후에는 박정희의 친위조직이자 제2 여당 격인 유신정우회가 조직돼 별도로 활동하기도 했습니다. 1979년 10월 26일 총재이자 대통령인 박정희가 피살되자 민주공화당은 이날 김종필을 임시 당수로 선출했습니다. 이듬해 다시 윤치영을 임시 당수로 선출했으나 10월 27일 신군부에 의해 당이 해산되는 운명을 맞았습니다.

유신체제에서는 국회의원 선거에 중선거구제를 도입해 1선거구에 2인이 당선되도록 함으로써 집권여당인 공화당이 힘들이지 않고 당선자의 절반을 차지할 수 있었습니다. 여기에 국회 의석 3분의 1은 유신헌법 제40조에 따라 대통령이 후보자를 일괄 추천한 통일주체국민회의가 찬반투표로 선출했습니다. 이른바 유신정우회 의원입니다. 이들은 헌법상 대통령이 국회에 보내는 친위세력인 셈입니다. 따라서 지역구 당선자의 절반에 유정회 의원까지 확보한 집권여당은 국회의원의 3분의 2가량을 장악했습니다. 1979년 개원한 제10대 국회에서는 직선 의원도 아닌 유정회의 백두진 의원이 국회의장으로 선출됐습니다.

005
차지철

박정희 대통령의 경호실장

부마민주항쟁 당시 청와대 경호실장이었던 차지철은 박정희 대통령의 신임을 받았습니다. 국정에 개입하며 권력을 휘둘렀습니다. 이에 격분한 김재규 중앙정보부장이 그를 저격함으로써 역사의 뒤안길로 사라졌습니다. 차지철은 부임 후 전임 박종규 경호실장 체제를 그대로 이어갔으나 차츰 본인 스타일로 바꾸었습니다. 경호실 직원에 대한 스파르타식 훈련을 시작했고 경호체제 강화와 정신자세 확립이라는 명분으로 단체기합을 주었습니다. 이로 인해 자살하는 경호실 직원도 있었습니다.

대통령의 사생활을 도와 신임을 얻은 차지철은 1978년부터 국정에 개입했습니다. 군부 인사에 관여했고 심지어 국회 상임위원 임명에까지 개입했습니다. 국회운영과 야당에 대한 정치공작에도 관여했습니다. 이때문에 김재규 중앙정보부장과 자주 마찰을 빚었습니다. 박정희 대통령이 차지철 실장의 월권행위에 제재를 가하지 않은 이유는 무엇일까요. 전두환 당시 보안사령관은 "박대통령이 차지철을 통해서 정치자금을 받아 신세를 졌기 때문"이라고 말했습니다.

006 신민당

부마민주항쟁 당시 제1 야당

● 1967년 민중당과 신한당을 중심으로 분열된 민주세력을 모아 창당해 1980년 해산되기까지 있었습니다. 김영삼 전 대통령과 유진오 유진산 김홍일 이철승 등이 총재와 대표위원, 대표최고위원으로 활동했습니다. 신민당은 부마민주항쟁이 일어나자 10월 18일 중앙당사에서 김영삼 의원 등 17명이 참석한 가운데 정무회의를 열고 진상조사를 위한 조사단을 파견하기로 결정했습니다. 이기택 박한상 예춘호 정해영 김승호 김상진 의원 등 6명으로 조사단을 구성했습니다. 이들은 19일 부산에 도착해 20일 부산시장과 계엄사령관을 방문할 예정이었습니다.

하지만 계엄당국은 조사단 의원들이 귀경하도록 종용했습니다. 이에 4명이 서울로 돌아왔습니다. 중앙정보부 자료를 보면 신민당은 항쟁에 대해 주류파와 소장파의 입장이 달랐습니다. 주류 측인 김영삼 총재계는 항쟁이 실질적 당권을 가진 김영삼 체제를 인정하는 방향으로 가야 하고, 이를 통해 국회 등원 명분을 얻고자 했습니다. 비주류 측은 항쟁이 자신들에게 나쁜 영향을 줄 것을 우려해 김영삼도 책임을 져야 한다는 입장이었습니다. 25일 정무회의에서 항쟁에 대한 전면적인 지지와 정부에 비상계엄령과 위수령 해제를 요구하기로 했습니다. 이날 정무회의 내용은 언론 통제로 보도되지 못했습니다.

부마민주항쟁 당시 신민당의 명목적 지도자는 김영삼 총재의 직무정지로 총재직을 직무대행 하던 정운갑 의원이었습니다.

007
긴급조치 9호

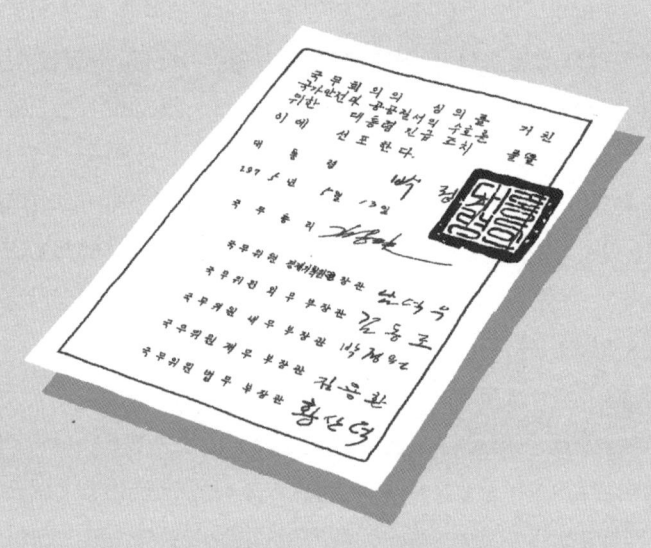

초헌법적 · 위헌적 조치

• 1972년 제정된 유신헌법 제53조에 의해 대통령이 그 권한으로 취할 수 있는 특별조치를 말합니다. 제53조의 내용은 다음과 같습니다.

대통령은 천재·지변 또는 중대한 재정·경제상의 위기에 처하거나, 국가의 안전보장 또는 공공의 안녕질서가 중대한 위협을 받거나 받을 우려가 있어 신속한 조치를 할 필요가 있다고 판단할 때에는 내정 외교 국방 경제 재정 사법 등 국정 전반에 걸쳐 필요한 긴급조치를 할 수 있다.

박정희 대통령은 당시 이 조치를 발동함으로써 헌법상 규정된 국민의 자유와 권리를 제한할 수 있었습니다. 1974년 1월 8일 긴급조치 1호를 시작으로 총 아홉 차례 공포됐습니다.

이중에서 긴급조치 9호가 가장 광범위한 악법이었습니다. 그 내용을 보면 ▶유언비어를 날조, 유포하거나 사실을 왜곡하여 전파하는 행위 ▶집회와 시위, 언론, 출판물 등에 의해 헌법을 부정하는 행위 ▶학생의 집회 시위 또는 정치 관여 행위 등을 금지했습니다. 이 조치를 위반하면 주무부 장관은 교직원을 해임하거나 학생을 제적하고 신문 등의 폐간, 학교 폐쇄를 할 수 있도록 했습니다. 또 이 조치 위반자는 법관의 영장 없이 체포·구금·압수·수색할 수 있었습니다.

진실화해위원회가 긴급조치로 기소된 589건의 재판을 조사한 결과를 보면 가장 많은 282건(48%)이 음주 중 대화나 수업 중 박정희와 유신체제를 비판한 사례입니다. 이어 191건(32%)이 유신반대였고 다음으로 긴급조치 해제 촉구 시위, 유인물 제작과 같은 학생운동 관련 사건 순이었습니다. 긴급조치로 인해 처벌받은 피해자 수는 1140명으로 추산됩니다. 고 장준하, 백기완 선생이 긴급조치 1호 위반으로 징역 15년형을 받았습니다. 1975년 4월 8일 긴급조치 위반으로 기소돼 판결이 확정된 8명이 형장의 이슬로 사라졌습니다.

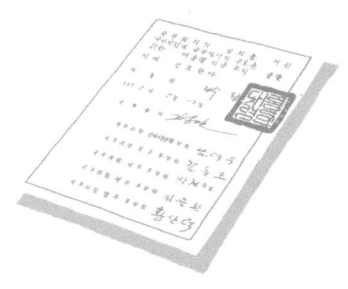

  부마민주항쟁 참가자들은 이처럼 반민주적이고 반자유적인 긴급조치를 철폐하라고 외쳤습니다. 부마민주항쟁으로 구속되거나 체포된 사람은 대부분 긴급조치 9호와 소요죄, 계엄법 위반 등으로 처벌받았습니다. 긴급조치 9호는 부마민주항쟁 참가자를 옥죄는 도구로 쓰였던 것입니다. 긴급조치는 박정희 대통령이 사망하고 신군부 주도로 1980년 10월 27일 헌법이 개정되면서 폐지됐습니다. 대법원과 헌법재판소는 2010년 이후에야 긴급조치가 위헌이라고 판시했습니다.

008
삼일공사

부산 수영구 망미동에 있던 501보안부대

● 이 부대는 대외적으로 위장 명칭을 썼습니다. 그래서 삼일공사라고 부릅니다. 현재 삼일공사는 없어지고 부산병무청이 이곳에 자리 잡았습니다. 신군부의 핵심 중 하나인 권정달 전 국회의원이 1978년 501보안부대장으로 임명됐습니다.

부마민주항쟁이 일어나자 삼일공사는 대학생의 움직임을 추적하고 여론을 파악했습니다. 권정달 대령에게 보고된 정보는 부산 민심이 4·19 직전과 비슷하다는 것이었습니다.

계엄군은 항쟁 당시에 시위 주동자들을 이곳에 끌고 와 갖은 고문을 자행했습니다. 당시 부산시민에게 삼일공사는 악명 높은 곳이었습니다.

009
부가가치세

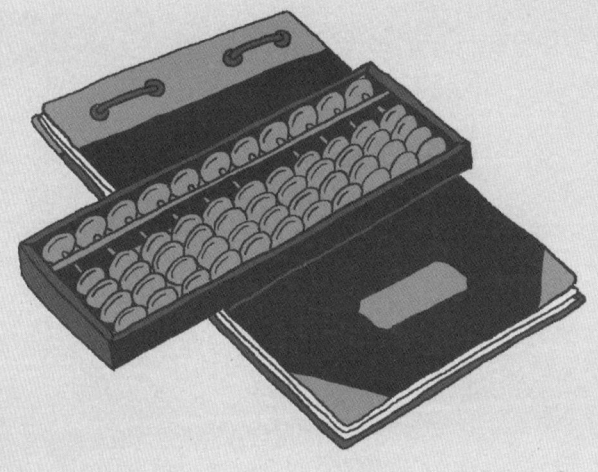

부마민주항쟁이 일어나게 된 경제적 배경

● 제품이나 용역이 생산·유통되는 단계에서 만들어내는 가치인 부가가치에 대해 부과하는 세금을 말합니다. 우리나라에서는 1977년 7월 1일부터 시행했습니다. 유신정권이 증세 수단으로 도입했습니다. 1977년부터 시작된 제4차 경제개발5개년계획에 소요될 세수를 확보하기 위해서였습니다. 경제관료들은 당시 유럽에서 도입하기 시작했으므로 우리나라도 도입해야 한다고 주장했습니다. 표면적인 이유는 세제 선진화였습니다. 영업세·물품세·직물류세·석유류세·전기가스세·전화세·통행세·유흥음식세 등 9개 세목을 하나로 묶었습니다.

하지만 부가가치세 도입의 실제 이유는 간접세로 조세 저항이 적고 세수 확보가 용이하다고 생각했기 때문입니다. 야당이 간접세 증대는 빈부격차를 늘릴 수 있다고 반대했고 전국경제인연합회도 경기 침체가 심화된다며 난색을 표했습니다. 하지만 유신정권은 이를 밀어붙였습니다. 1976년 11월 정기국회에서 표결을 거쳐 통과됐습니다.

이로써 국민의 조세 부담률은 1963년 8.6%에서 1979년 17.2%로, 간접세 비중은 1971년 29.7%에서 1979년 39.3%로 늘었습니다.

당시 수출지향적 경공업 도시였던 부산과 마산 지역은 경제 상황이 좋지 않았습니다. 물가가 상승하고 경기는 침체했습니다. 특히 무역과 상업에 종사하는 상인이 많은 부산에서는 경제가 좋지 않아 힘든데 부가가치세마저 도입돼 매출액의 10%를 세금으로 내야 하니 그야말로 죽을 맛이었습니다.

부가세는 상인과 소비자의 갈등을 초래했습니다. 사실상 모든 거래 단계에서 10%의 가격 인상이라는 결과를 낳았습니다. 상인은 거래 후 세금을 납부하기 위해 판매가격을 인상할 수밖에 없었습니다. 결국 그 인상분은 소비자가 떠안게 됐습니다.

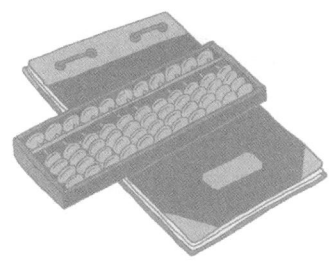

 부마민주항쟁 시위대가 공격한 관공서 중에는 세무서가 포함돼 있습니다. 그만큼 부가가치세에 대해 반감이 컸던 것입니다. 정부는 부가가치세 도입 이 듬해인 1978년 세수 8389억 원을 거뒀습니다. 이는 전체 내국세의 37.3%를 차지할 정도로 많은 것이었습니다. 정권이야 세금을 많이 거둬 좋겠으나 반대로 국민의 삶은 더 힘들어졌습니다. 결국 1978년 총선에서 민심의 심판을 받게 됐습니다. 공화당이 야당인 신민당에 득표율에서 1.1% 뒤지는 결과를 초래했습니다. 화가 난 박정희 대통령은 상공부 장관만 빼고 남덕우 경제부총리 등 경제부처 장관을 모두 경질했습니다.

010
YH무역

1970년대 가발을 만들어 수출하던 업체

• 1966년 10여 명의 사원에서 창립 4년 만인 1970년 3000명의 직원을 둔 당시 국내 최대 가발 수출업체로 성장했습니다. 당시로서는 대단한 1000만 달러 금탑산업훈장을 타기도 했습니다. 수출액 기준으로 국내 15위의 기업이었죠. 전국 각지에서 모여든 어린 여성노동자의 값싼 노동력으로 글로벌 경쟁력을 키웠습니다.

하지만 이런 호황도 오래가지 못했습니다. 1979년에는 회사 경영이 어려워져 폐업했는데 노동자들은 이를 위장폐업이라며 항의하는 시위를 벌였습니다. 시위 장소가 마땅치 않았는데 김영삼 신민당 총재가 당사에서 시위를 할 수 있도록 허락해주었습니다. 그해 8월 9일부터 11일 사이에 신민당사에서 철야농성을 했습니다. 당시 김영삼 총재가 농성에 힘을 실어주면서 노동자들도 힘을 낼 수 있었습니다. 하지만 경찰이 강경 진압하면서 노조 간부 김경숙이 건물 아래로 떨어져 사망하는 사건이 발생했습니다. 이 사건은 김영삼 제명 사건으로 이어져, 유신정권의 붕괴를 가져온 부마민주항쟁의 촉매제가 됐습니다.

이 회사 회장은 장용호였는데 그의 영문 이름 첫 글자를 따 회사 이름을 지었다고 합니다. 장용호는 제4대 김형욱 중앙정보부장과 친구였다고 합니다. 그는 이 사건 이후 미국으로 떠나 뉴욕한인회장을 맡기도 했습니다. 김영삼 총재가 대통령이 된 후 청와대에서 김 대통령을 만나기도 했습니다. 그 때 두 사람 사이에 무슨 대화가 오갔을까요.

011
김경숙

YH무역 여성노동자

• 부마민주항쟁이 일어나기 전 YH무역 여성노동자 172명이 1979년 8월 9일 아침 야당인 신민당사에서 사측의 위장 폐업에 맞서 항의를 벌였습니다. 김경숙은 경찰의 강경진압 과정에서 아래로 추락해 숨진 여성 노동자입니다. 당시 고인은 노동자를 대표해 성명서 호소문 결의문을 읽었습니다. 그는 건조반 조장이었으며 노동조합 결성에 핵심적인 역할을 했다고 합니다. 노조 조직차장으로 일했습니다. 당시 그는 21살의 꽃다운 나이였습니다. 왼쪽 동맥이 끊기고 타박상을 입은 채 당사 뒤편 지하실 입구에서 발견됐습니다. 경찰은 8월 13일 오후 4시 그의 주검을 서울 삼성동 강남시립병원에서 서둘러 화장했습니다.

유골은 고향의 어머니가 집 근처에 뿌렸습니다. 김경숙의 동료들은 1989년 유골을 뿌렸던 곳의 흙을 가져다가 경기도 마석 모란공원에 가묘를 만들었습니다. 시인 고은이 쓴 묘비명에는 '그대의 삶과 죽음 있어 오늘 우리 여기 있나니'라고 씌어 있습니다. 2008년 과거사정리위원회는 김경숙의 사망이 공권력에 의한 타살이라고 결론 내렸습니다. 후두부를 모서리진 물체로 가격당해 숨졌다는 것입니다.

전남 광산군 비아면 빈농에서 태어난 그는 8세 때 아버지가 돌아가시자 초등학교 6학년부터 누에고치 공장에서 일했습니다. 졸업 후에는 양복점 시다로 일하다가 15세 때 당고모의 권유로 서울로 갔습니다. 운동복 하청업체, 섬유업체, 물산 등에서 일하다가 1976년 8월 교회 지인의 소개로 YH무역에 입사했습니다.

노조가 설치한 중학교 과정 녹지야학을 다녔습니다. 7월 30일 조합원 총회에서 집게손가락을 물어뜯어 머리띠에 단결투쟁이라는 혈서를 썼습니다. 8월 10일 노조종결대회 준비임원회의에서 "이 한 몸 노동운동에 한 알의 밀알이 된다면 바랄 게 없다."고 말할 정도로 노동운동에 대한 신념과 열정이 대단했다고 합니다.

012
지미 카터

부마민주항쟁 당시 미국의 대통령

1977년부터 1981년까지 제39대 대통령을 역임했습니다. 지미 카터가 한국을 방문하자 미국이 박정희 정권의 정통성을 인정했다며 미국에 대한 여론이 좋지 않게 형성됐습니다. 카터는 임기 내내 박정희 정권의 인권 탄압을 문제 삼아 주한미군 철수를 주장했습니다. 이때문에 박정희 정권과 마찰을 빚었습니다.

카터는 독실한 기독교 신자로서 자신의 도덕적 신념을 현실정치에 구현하고자 했던 인물이었습니다. 탈냉전과 인권은 그의 양대 화두였습니다. 이러한 카터의 신념은 한반도 정책에 그대로 반영됐습니다. 취임 일주일 만에 한국에 배치된 전술핵무기 철수 계획을 마련하라고 지시했습니다. 1977년 5월 5일 대통령 명령으로 주한미군 철수 일정을 공표했습니다. 1978년까지 제2사단 1개 전투여단 6000명 철수, 1980년 6월까지 또 하나의 여단과 비전투 병력 9000명 철수, 그리고 1982년까지 잔여 병력과 핵무기를 완전히 철수한다는 것이었습니다.

1979년 6월 29일부터 7월 1일 서울서 열린 박정희와 카터의 정상회담은 두 지도자가 정면으로 충돌하는 자리였습니다. 카터가 인권 개선 조처를 요구하자 박정희는 "만약 볼티모어에 소련군이 주둔하고 있다면 미국정부는 미국인들이 누리는 자유를 보장할 수 있겠습니까."라고 맞받았습니다. 카터는 전술핵과 주한미군 철수를 위한 우호적인 환경을 만들기 위해 남북미 정상회담도 추진했습니다. 박정희는 마지못해 동의했지만 군사안보 문제가 의제로 포함되는 것에 강하게 반대했습니다.

박정희 정권과 미국 내부의 반발에 직면한 카터는 주한미군 철수를 유보하기로 했습니다. 소련이 유럽에 중거리 핵미사일을 배치하고 아프가니스탄 침공도 초읽기에 들어가면서 미소 데탕트 분위기가 종말을 향해 달려간 것도 이런 결정을 한 배경으로 꼽힙니다. 박정희-카터 회담은 주한미군 철수 중단과 한국의 인권 개선 조처를 맞바꾼 성격도 짙었습니다. 이를 반영하듯 박정희는 카터가 한국을 떠난 직후인 7월 5일 정치범 180명을 6개월 내 석방하겠다는 메시지를 미국에 보냈습니다. 그러자 미국은 보름 후인 7월 20일 주한미군의 병력 수를 동결하겠다고 발표했습니다.

　카터 방한은 한국에 이율배반적인 결과를 가져왔습니다. 카터의 주한미군 철수 계획 철회는 박정희의 위상과 자신감을 강화시켰습니다. 반대로 김영삼과도 회담을 가져 야당도 힘을 얻었습니다. 그래서 두 진영이 모두 자신감을 얻어 강경 대립하는 결과를 낳았습니다. 이는 결국 부마민주항쟁으로 이어졌습니다.

　유신정권이 부마민주항쟁을 가혹하게 진압할 때 미국은 침묵을 지켰습니다. 해롤드 브라운(Harold Brown) 미 국방장관이 10월 17, 18일 열린 한미연례안보회의 참석차 서울을 방문해 박정희 대통령을 만났습니다. 이 자리에서 한국의 국방비 인상과 미국의 인권에 대한 침묵을 맞교환했습니다. 미국 국방성 문서에 "이란 샤 정권의 종말과 뒤이은 이란 인질 사태로 카터 대통령은 한국 문제에 신경 쓸 여유가 거의 없었다."고 기록돼 있습니다. 카터 방한은 오히려 한국의 인권 상황을 더욱 악화시켰습니다.

013
김영삼

부마민주항쟁이 일어나게 된
정치적 배경

● 김영삼은 대한민국 14대 대통령입니다. 노태우 대통령에 이어 대통령직에 오른 정치인이죠. 군 출신의 대통령이 아닌 첫 문민 대통령입니다. 대통령직에 오르기까지 '3당 야합'으로 민주 진영을 배신했다는 비판을 받기도 했습니다. 부마민주항쟁 당시 김영삼은 야당인 신민당의 지도자였습니다. 1979년 9월 16일 자 뉴욕타임스 17면(국제면)에 '한국 야당 당수가 미국에 요구한다'는 제목으로 김영삼의 기사가 실렸습니다. 내용은 '미국이 박정희 정권에 대한 지지를 철회해야 한다'는 것이었습니다. 상도동 자택에서 이뤄진 인터뷰에서 김영삼 총재는 "미국은 독재정부와 한국민 중 누구를 택할 것인지 확실히 결정하라."고 밝혔습니다. 그해 6월 지미 카터 미국 대통령의 방한으로 박정희 정권이 자신감을 얻어 독재를 더 강하게 밀어붙이는 계기가 됐다고 이 신문은 평가했습니다.

민주공화당과 유신정우회는 이 인터뷰를 문제 삼아 10월 4일 국회에 징계동의안을 제출, 김영삼 총재의 의원직을 박탈했습니다. 부산에서 정치적 입지를 다진 김영삼 총재의 의원직 제명은 부산의 민심을 악화시키는 계기가 됐습니다. 이 사건이 10월 16일 부마민주항쟁을 촉발했다는 분석도 있습니다. 박정희 정권은 그 해 8월 YH무역 여성 노동자의 신민당사 농성을 구실로 김영삼 총재를 제거해야 하겠다는 마음을 굳힌 것으로 보입니다. 김 총재가 철야농성을 부추겼다며 법원에 총재직 가처분 결정을 요구하는 소송을 제기한 것을 보면 알 수 있습니다. 법원은 이를 인용했습니다.

014
삼화고무

일제 강점기부터 있었던
부산지역의 대표적인 신발 생산업체

● 조선총독부가 난립한 고무공장을 정리하는 과정에서 삼화고무가 설립됐습니다. '요네쿠라 세이자부로'라는 일본인이 1934년 9월 18일 13개의 신발 공장을 합병해 부산부 범일정에 삼화호모를 설립했습니다. 왕기영이 1946년 적산관리인으로 선정돼 삼화고무로 이름을 바꿨습니다. 1948년 정부 수립과 함께 경남도 산하 공기업으로 변신했습니다. 1951년 대구영업소를 운영하던 김예준에게 불하됐고, 1954년 8월 삼화고무공업으로 사명을 변경했습니다. 하지만 정치에 관심이 많았던 사장 때문에 경영난을 겪었습니다.

김지태 한국생사 및 조선견직 사장이 1958년 8월 이를 인수했습니다. 타이어를 생산하다가 실패했고 만화슈즈를 출시하면서 인기를 끌었습니다. 1970년대 들어서는 나이키와 리복 등 세계적인 브랜드와 손잡고 주문자상표부착생산(OEM) 방식을 채택해 고속으로 성장했습니다. 이 덕에 보따리상에 불과했던 나이키가 세계적인 기업으로 성장할 수 있었습니다. 1976년 1월 15일 삼화고무공업에서 삼화로 상호를 바꿨습니다. 1978년 2차 오일쇼크를 겪으면서 기울기 시작했습니다.

1984년 '타이거' 상표로 스포츠화 시장에 진출했습니다. 타이거는 국내 최고 품질의 운동화였습니다.「응답하라 1988」에서 주인공 덕선이 엄마로부터 타이거 운동화를 선물 받았다고 기뻐하는 장면이 나올 정도였습니다. 1980년대 중반까지 우리나라 수출 실적 1, 2위를 다투던 대표적인 신발업체였으나 1992년 9월 15일 대형 신발업체 가운데 가장 먼저 도산했습니다. 당시 본사는 부산진구 범천동에 있었습니다. 호황일 때 종업원이 1만 명을 넘었습니다. 삼화고무는 삼화여상을 설립했습니다. 3년간 등록금을 면제하고 희망자 전원에게 현대식 기숙사를 무료로 제공해 당시 10대 여성들에게 인기가 많았습니다.

인천 동일방직에서 노조활동을 하다가 해고된 삼화고무 노동자 추송례의 일기를 통해 부마민주항쟁 당시 부산지역 노동자의 상황을 알 수 있습니다. 추송례는 1979년 10월 16일 회사 측의 임금 체불에 항의해 동료들과 함께 파업을 벌였습니다. 당시 이 회사는 다른 신발회사와 마찬가지로 폭력적인 노무관리로 노동자들과 대립했습니다. 노동자들은 작업을 중지하고 작업장에서 노래를 부르며 구호를 외쳤습니다. 추송례는 사측이 노동자들의 요구를 쉽게 들어주지 않을 것으로 생각했습니다.

 하지만 예상하지도 못했던 일이 일어났습니다. 회사가 퇴근 전에 모든 조건을 수락했습니다. 승리의 기쁨에 들떠 회사를 나선 추송례는 그제서야 부산 시내에서 대규모 시위가 일어난 사실을 알았습니다. 회사가 쉽게 요구 조건을 수락한 이유를 짐작할 수 있었습니다. 그날 추송례의 일기장에는 이렇게 적혀 있습니다.

 우리 현장에 진압경찰이 한 명도 없었던 것이 모두 남포동·광복동에서 데모가 있었기 때문이었다는 것을 퇴근해서야 알았다. 1300명이나 모여 있던 우리 노동자들이 거리로 뛰쳐나갔으면 어찌 되었을까. 그들과 하나가 되었으면 더욱 좋았을 텐데.

015
가위

소문인가 진실인가

● 서울지역 한 여대생이 부산대학교에 가위를 보냈다는 소문이 1979년 대학 내에 퍼졌습니다. 독재 유신정권에 대항하지 않는 '유신대학'이라는 오명이었죠. 실제로 확인된 사실은 없습니다. 당국은 이것도 부마민주항쟁과 관련된 주요 유언비어라고 보고 이를 퍼뜨리는 사람을 색출해 처벌하겠다는 엄포를 놓기도 했습니다. 조갑제 전 국제신문 기자의 책 『유고』에 다음과 같은 내용이 나옵니다.

> 1979년 봄부터 부산대학생 사이엔 이상한 소문이 퍼졌다. 학도호국단 간부 앞으로 서울에서 편지가 왔는데 남자의 성기와 가위 그림이 그려져 있더라는 것이다. '그렇게 비굴하게 살 바에는 그것을 잘라버려라' 는 뜻으로 풀이됐다.

부산대생들의 용기 없음을 비유하는 말로는 '썩은 호박'도 있었습니다. 어느 공대 학생이 서울의 여대생 이름으로 부쳐진 소포를 받았는데 그 속에 썩은 호박이 들어 있었다고 합니다. '부산대생은 썩은 호박과 같다'는 뜻이라고 합니다.

부산대 안에 있는 운동권 조직에서 학생들의 의식을 깨우쳐주려고 일부러 이런 말을 만들어 퍼뜨렸다는 얘기도 있었습니다. 부산대생들은 여대생까지 자기들의 용기 없음을 비웃는다고 부끄럽게 생각했습니다. 가슴 속에 쌓인 수치감과 열등감, 분노는 한국을 뒤흔들 폭약으로 변했습니다.

016
부산양서판매이용협동조합

부산 민주화 교육의 산실

● 김형기 목사와 기독교청년회 서울지구 회장을 지낸 최준영 등이 주축이 돼 만든 소비자협동조합입니다. 1970년대 후반 부산민주운동의 교육장이었습니다. 1978년 4월 2일 YMCA 강당에서 79명이 참석한 가운데 창립총회를 개최해 조합이 직영하는 협동서점을 보수동 책방골목에 열었습니다. 1층은 서점으로, 2층은 사무실 겸 모임 장소로 사용했습니다. 정관과 발기문에서 시민문화운동, 시민의식 계발, 경제민주주의 등을 운영 원칙으로 했습니다. 책을 읽고 토론해 민주의식을 높이자는 겁니다. 조합원은 매월 한 구좌 이상을 출자하고 한 권 이상의 책을 협동서점에서 사도록 했습니다.

초대 이사장에는 김광일 변호사의 고교 대학 동문인 이흥록 변호사가 맡았습니다. 1939년 경남 울주 출생인 그는 경남고와 서울대 법대를 졸업하고 1967년 제8회 사법시험에 합격했습니다. 1969년부터 변호사로 활동하며 주로 지역 인권사건을 맡아 변론했습니다. 2003년 5월부터 대통령 지명 국가인권위원을 역임했습니다. 조합이 재정적으로 자립하지 못했을 때 그는 매월 15만 원을 조합에 내며 이를 키웠습니다. 1979년 10월 창립한 지 1년 반 만에 조합원이 600명 가까이 늘었고 출자금도 700만 원을 넘어 독립 채산이 가능해졌습니다. 조갑제 전 국제신문 기자의 표현을 빌리자면 양서조합은 부산의 의식 있는 사람들의 복덕방이 됐습니다.

이런 사정 때문에 양서조합은 유신 체제 정보 당국에 의해 불온세력 집단으로 인식됐습니다. 결국 1979년 11월 부마민주항쟁의 배후로 지목받아 강제 해산됐습니다. 긴급 이사회에서 경찰은 존속을 주장하는 이사를 윽박지르며 해산 결정을 종용했습니다.

  1981년에는 고호석 등 19명이 영장도 없이 체포돼 불법 감금과 고문을 받았습니다. 이것이 신군부가 자행한 대표적 용공조작 사건인 부림사건입니다. 전교조 부산지부장을 지낸 고호석 선생은 2019년 11월 25일 지병으로 별세했습니다. 부마민주항쟁기념재단에서 상임이사로 활동했습니다. 부마민주항쟁이 일어났던 1979년에는 영문과 4학년이었습니다. 10월 16일 부산대와 광복동 일대에서 시위에 참여했습니다. 이로 인해 8일간 구금됐습니다. 2016년 8월 8일 부마민주항쟁 관련자로 인정을 받았습니다.

017
중부교회

부산 민주화운동의 산실

● 중부교회는 부산의 민주화운동에서 불씨 같은 존재였습니다. 저항운동 인력의 공급처였습니다. 사회의 민주화운동과 대학의 반체제 학생운동을 연결하는 고리였습니다. 이 교회의 청년회원 30여 명은 대부분 부산대와 동아대 재학생들이거나 졸업생, 제적생이었습니다. 1975~79년 긴급조치 9호 위반 등의 혐의로 구속된 사람이 10여 명이었습니다.

이곳의 목사는 최성묵이었습니다. 그는 한국기독학생회총연맹(KSCF) 발족 당시 핵심 멤버였습니다. 1969년 부산으로 이동해 미국문화원에서 일했습니다. 그때만 해도 미국문화원은 대학 서클 활동의 중심지였습니다. 최성묵은 학생 담당이었습니다. 1974년 그는 부산기독교청년회(YMCA) 총무로 뽑혀 문화원을 그만두었습니다. 당시 YMCA를 민주화운동의 광장으로 키웠습니다. 1976년 총무를 그만둔 최 목사는 중부교회 전도사로 들어갔습니다.

중구 보수동 책방골목에 자리잡은 중부교회의 신도 수는 당시 60명 남짓에 불과했습니다. 그중 대학생은 5명 정도였습니다. 하지만 최성묵에 끌린 젊은 이들이 교회로 모여들었습니다. 그중에 한 인물이 박상도였습니다. 조태원이 1976년 1월 중부교회 회지 『책방골목』 창간호에 쓴 '인사의 말'이 화근이 돼 대학부 회장 김영일과 이를 회원들에게 나눠준 이태성이 중앙정보부에 끌려가 조사를 받은 후 구속됐습니다. 글 중 '한국적이나 유신이니 따위는 말고'가 문제가 됐습니다. 유신체제를 비판했다는 것입니다. 최 목사와 YMCA에서 인연이 있던 김광일 변호사가 무료변론을 맡으면서 중부교회는 더욱 유명해졌습니다. 부산에서 하는 시국강연회는 대부분 중부교회에서 이뤄졌습니다.

당시 부산의 민권운동 조직은 도시산업선교회, 국제사면위원회 부산경남지부, 교회인권선교협의회, 기독청년협의회, 정의구현기독자회 등이었습니다. 조직의 이름은 달랐지만 구성원들은 거의 같은 경우도 많았습니다.

018
상담지도관실

1970년대 학생운동 사찰 기구

• 1970년대 고등학교와 대학교에 설치된 학생 관리기구입니다. 언제, 어떤 목적으로 설치된 기구인지는 불명확합니다. 이름 그대로 학생을 상담하고 지도하는 곳인데, 이는 명분에 그칠 뿐 실제로는 당대 운동권 학생의 동향을 감시하는 게 주 역할이었던 것으로 알려져 있습니다. 1970년대는 1980년대처럼 대학마다 조직화된 운동권 세력이 존재했던 게 아니었던 탓에, 정권에 반발심을 품은 학생 하나하나를 개별적으로 관리해야 할 필요를 느꼈습니다.

상담지도관실에는 군인 또는 고교 교사 출신 직원이 많았던 것으로 전해집니다. 학생을 '성공적'으로 관리한 이들은 고등학교 교장이나 교감 같은 요직을 차지하는 것은 물론, 한 대학의 교수가 되기도 했습니다.

상담지도관실은 부마민주항쟁 때도 학생들의 시위 동향을 파악해 정보를 경찰에 넘겼습니다. 당시 중앙정보부가 남긴 문건에는 상담지도관실이 시위 세력 색출에 가담했다는 기록이 나옵니다. 교육연구사(상담지도관실 소속으로 추정)가 학생들의 시위 동향을 살펴 이를 경찰 등에 제보했다는 내용입니다. 가령 '16일 부산대 운동장에서 데모할 때 ○○○이 최선두에 가담했다'는 식이었습니다. '10월 15일(항쟁이 불발된 날) 부산대 도서관 자료실에서 누군가 "오늘은 파이(별로)다. 점심 먹고 오후에 하자."며 데모를 선동했다'는 제보도 확인됩니다. 학생의 동향을 파악하는 상담지도관실에 분노가 큰 전남대 학생들은 부마민주항쟁 발발 다음 날인 1979년 10월 17일 교내 상담지도관실에 불을 질러 긴급조치 위반으로 경찰에 붙잡히기도 했습니다.

019 부산공전

부마민주항쟁의 전초적 사건인
9·17시위를 일으킨 대학

● 부마민주항쟁이 일어나기 전 9월 17일 부산공업전문대학(현 부경대)에서는 유신반대 시위가 일어났습니다. 9·17시위로 불리는 이날의 시위는 그날 낮 12시 30분께 주 강의동 앞에서 이뤄졌습니다. 신홍석과 그의 친구들이 메가폰으로 사이렌을 울려 학생 500명을 모았습니다. 이들은 유신 철폐와 박정희 대통령 하야를 요구했습니다. 그를 포함해 10명이 경찰에 붙잡혀 구속·구류·학사제적 등을 당했습니다. 학자들은 이 시위를 부마민주항쟁의 전초적 사건으로 평가합니다.

부마진상규명위원회는 2021년 6월 시위를 주도적으로 준비한 김맹규 씨에게 명예회복 결정 통지서를 보냈습니다. 위원회는 부경대 측에 학사징계기록 말소와 명예 졸업장 수여를 권고해 학교가 최근 이를 받아들였습니다. 이들에게 행동을 하게 한 사건은 항쟁이 일어나기 전인 그해 8월 일어난 YH무역 여성 노동자들의 신민당 농성 사건이었습니다. 노동자들이 부도덕한 기업주를 고발했으나 돌아온 건 무자비한 진압과 처벌이었습니다. 학생들은 이에 분노한 것입니다. 이들은 교내 독서동아리 등에서 만나 시위를 계획했습니다. 하지만 누군가의 밀고로 김 씨는 감금돼 시위에는 참여하지 못했습니다.

020 보림여관 205호실

이진걸의 민주선언문을 등사한 여관

● 부마민주항쟁의 도화선이 된 민주선언문을 몰래 등사한 여관의 이름입니다. 이진걸(부산대 기계설계과 3년)은 10월 13일 밤 10시 부산진구 전포동에 있는 보림여관 205호실에서 민주선언문 1000장가량을 등사했습니다. 제작에 사용한 등사기는 황선용(서면서림 점원)이 노승일(서점 태백산맥 경영)을 통해 구입했습니다. 이진걸은 8절지 크기의 시험지 1000여 장을 사왔습니다. 밤 10시부터 시작한 등사작업은 새벽 4시가 돼서야 마무리할 수 있었습니다.

등사한 선언문은 서면서림에 맡겼습니다. 배포는 이진걸과 남성철(노동자)이 맡기로 했습니다. 당시 골수염을 앓던 황선용은 빠졌습니다. 이진걸은 등사기를 후배에게 맡겨 처리하도록 했습니다. 원래 가지고 있던 유인물과 서적 등을 후배에게 맡겨 나중에 닥쳐올 조사에 대비해 주변을 정리했습니다.

그럼 이들은 왜 이 여관을 이용했을까요. 미리 봐둔 여관이 아니라 깨끗하게 보였기에 무턱대고 들어갔다고 합니다. 숙박부에는 가명을 적었습니다.

021
등사기

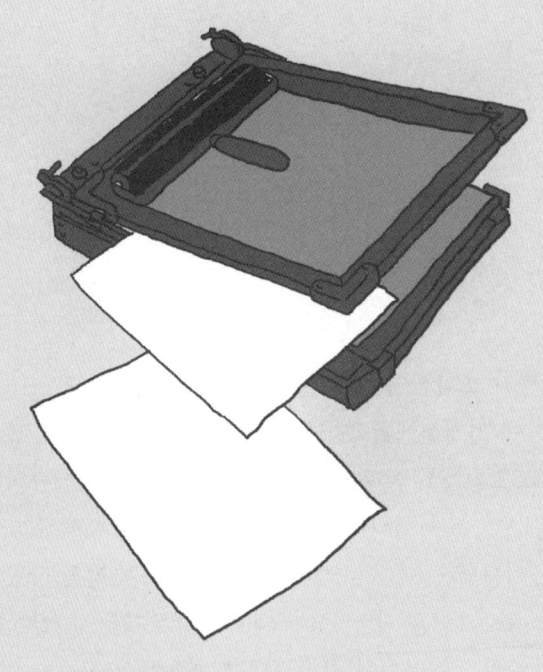

복사가 아니고 등사

• 기름종이라 불리는 등사지에 철필로 글을 새기거나 그림을 그린 후 유성잉크를 묻힌 롤러로 문질러 종이에 잉크가 묻어 인쇄되는 방식을 등사라고 합니다. 과거 학교에서 안내문이나 시험지를 인쇄할 때 썼습니다. 1970, 80년대 대학생들이 시위를 할 때 등사기를 이용해 유인물을 만들어 뿌렸습니다.

부마민주항쟁 당시에도 선언문 등 유인물은 모두 등사기로 밀어 제작했습니다. 학생들은 등사기가 없었으므로 서점을 운영하는 지인이나 신부에게 이를 빌렸습니다. 「민주선언문」을 제작해 배포한 부산대 이진걸 학생은 평소 아는 황선용 서면서점 총무에게서 등사기를 제공받았습니다. 이진걸이 지인 남성철(노점 서적상)과 함께 1000매를 등사하는 데 꼬박 하룻밤이 걸렸다고 합니다.

022 선언문

부마민주항쟁의 도화선

● 부마민주항쟁을 촉발한 학생들의 선언문은 총 3종이 있었습니다. 이진걸의 「민주선언문」과 신재식의 「민주투쟁선언문」은 10월 15일 배포됐습니다. 정광민의 「선언문」은 16일에 뿌려졌습니다. 이들 선언문은 항쟁의 도화선이 됐습니다. 「민주선언문」에는 학원의 자율화와 학생회의 민주화, 언론의 자유 및 자유와 인권의 보장을 주장하는 내용이 들어 있었습니다. 외세 의존적 경제를 조성한 경제개발계획에 대한 총체적 책임을 물어 유신 정권의 퇴진과 유신헌법의 철폐를 요구하는 내용도 포함됐습니다.

'한민족 반만년 역사 위에 이토록 민중을 무자비하고 처절하게 탄압하고 수탈한 반역사적 지배집단이 있었단 말인가?'로 시작하는 「민주투쟁선언문」은 '학우여! 동지여! 독재자의 논리를 박차고 일어서서 모여 대열을 짓고 나서자! 꺼지지 않는 자유의 햇불을 들고 자유민주주의의 노래를 외치면서'라고 마무리됩니다. 「선언문」에는 고도성장 정책으로 인한 재벌 특혜와 빈부 격차 등 한국 사회의 부조리를 지적하고, 이를 시정하기 위해 유신 헌법 철폐와 언론·집회·결사의 완전한 보장 등 7개 항의 폐정 개혁안을 제시한 내용이 들어 있습니다.

세 선언문에는 공통된 인식이 포함돼 있습니다. 첫째가 학원의 자율성이 침해된 대학의 현실을 우려했습니다. 둘째 학생들은 박정희 정권의 경제개발 정책의 폐단을 비판했습니다. 정경유착을 통해 한국형 독점자본인 재벌을 형성했다고 지적했습니다. 공정한 분배를 가로막아 빈부격차를 심화시키고 서민가계를 궁핍하게 만들어 병든 근대화를 낳았다고 지적했습니다. 셋째 유신체제는 제도화된 폭력성과 조직적 악의 근원이며 한 개인의 무모한 정치욕을 충족시키는 도구로서 척결 대상으로 규정했습니다. 학생들은 자신들의 행위가 4·19를 계승했다고 봤습니다.

청춘의 함성, 시민의 합창
키워드로 읽는 부마민주항쟁

제2부

거대한 불꽃

제1장 부산

023
부산대

1946년 설립된 부산지역 거점국립대학

● 초기에는 수산과대학과 인문과대학으로 구성했습니다. 1946년 8월 아서 린베커(백아덕)가 대학 총장으로 임명됐습니다. 이듬해 7월 수산과대학이 국립부산수산대학으로 분리됨으로써 종합대학이 와해됐습니다. 1948년 9월 문리학부, 법학부, 상학부 3개 학부를 설치했고 1953년 종합대학으로 승격했습니다. 초대총장으로 11월 26일 윤인구 박사가 취임했습니다.

1979년 10월 15일 오전 10시께 부산대에서는 유신 반대 시위를 일으키기 위한 움직임이 나타났습니다. 「민주선언문」과 「민주투쟁선언문」이라는 두 종류의 격문이 배포됐습니다. 「민주선언문」을 배포해 시위를 도모한 학생은 이진걸(기계설계과 3학년)이었습니다. 평소 현실 인식을 공유하던 황선용(당시 24세, 서면서점 총무), 남성철(23세, 노점서적상)과 함께 시위를 벌일 계획을 세웠습니다. 언더서클 활동을 하던 이호철(행정학과 3학년)에게 조직적 지원을 요청했습니다. 하지만 내부 격론 끝에 조직 보호를 위해 조직적으로 참여하지 않는 대신 노재열(기계공학과 3학년)과 이호철을 중심으로 지원하기로 했습니다.

「민주투쟁선언문」을 작성하고 배포한 학생은 신재식(사회복지학과 2학년)이었습니다. 9월 말 법정대 학생들은 복학생인 신재식을 중심으로 시위를 결의하고 역할을 분담했습니다. 경찰의 감시가 시작되자 이탈자가 생겼습니다. 이에 신재식은 10일 독자 시위를 포기하고 김종세(수학과 3학년, 전 아카데미 회장)에게 아카데미 회원의 시위 지원을 요청했습니다. 김종세는 12일 신재식의 시위 계획을 이호철을 통해 언더서클과 공유했습니다. 이진걸 이호철 김종세 등은 15일 오전 10시 도서관 앞에서 시위를 결행하기로 했습니다.

15일 오전 8시30분께 이진걸과 남성철은 신 정문 시계탑 아래서 만나 미리 준비한 「민주선언문」을 배포하기 시작했습니다. 고교 동문 서클 후배들에게 나눠주고, 본관과 상학관, 문창회관, 운동장 등에서 배포한 뒤 도서관에서 「민주선언문」을 뿌렸습니다. 두 사람은 웅비의 탑에서 학생들의 호응을 기다렸습니다. 하지만 기대와 달리 도서관 주변은 조용했습니다. 이들은 시위가 실패했다고 판단하고 구 정문 옆으로 난 쪽문으로 학교를 빠져나갔습니다.

비슷한 시간 신재식은 혼자서 등사한 「민주투쟁선언문」을 본관 강의실과 미리내 계곡의 서클파크에 수백 장가량 뿌리고 도서관으로 향했습니다. 10시가 지난 시간 도서관 앞에 도착한 신재식은 학생들이 보이지 않자 실패한 것으로 판단해 학교를 빠져나갔습니다. 하지만 10시35분께 「민주선언문」을 받아든 학생들과 소식을 전해들은 학생들이 도서관 앞으로 모여 300여 명에 달했습니다. 사복경찰과 보직교수가 득달같이 달려와 이들을 해산시켰습니다. 이날의 실패는 바로 다음 날 시위를 준비하는 원동력이 됐습니다.

15일 정오가 지난 시각에 학교에 도착한 정광민(경제학과 2학년)은 자기가 시위를 주도하고자 결심했습니다. 정광민은 자정 무렵 자기 집에서 전도걸 박준석과 함께 「선언문」의 문안을 완성했고 전도걸과 함께 밤늦게까지 8절지에 수백 장의 「선언문」을 등사했습니다.

16일 오전 9시 40분께 정광민은 인문사회관 강의실에 선언문을 배포해 시위에 나설 것을 호소했습니다. 정광민은 독재타도 등의 구호를 외치며 시위 대열을 이끌었습니다. 정광민의 시위대가 도서관 앞의 연좌대열과 합류하자 전체 학생 시위대 규모는 500명을 넘겼습니다. 경찰이 정광민을 체포하려고 했으나 경찰과 학생 사이에 난투극이 벌어지면서 실패했습니다. 경찰을 쫓아낸 학생들은 운동장을 향해 나아갔습니다. 갈수록 시위대가 불어 운동장에는 2000명에 달했습니다. 학생들은 10시 20분께 운동장을 돌다가 신 정문을 향해 나아갔습니다. 경찰과 대치했습니다. 20분 후 경찰기동대가 학생들을 해산시키기 위해 학교 안으로 진입했습니다. 페퍼포그 차량을 앞세운 경찰은 곤봉으로 학생들을 무차별 가격했습니다.

  기동대에 쫓긴 학생들이 도서관에 다시 모인 것은 오전 11시께였습니다. 정광민이 수백 명의 학생 앞에 다시 나섰습니다. 도서관 앞에서 대오를 정비한 시위대는 다시 운동장으로 향했습니다. 이번에는 3000여 명이 모였습니다. 학생들은 스크럼을 짜고 구호를 외치자 부산대는 거대한 함성의 도가니가 됐습니다.

  학생들은 학교 밖으로 나가 시위를 확대해야 한다고 주장했습니다. 이에 구 정문과 사범대 부속고등학교 쪽으로 나갔습니다. 구 정문에서는 경찰의 진압에 맞서 마산상회 앞에 쌓인 음료수병과 돌멩이를 던졌습니다. 학생들은 금정초등학교 앞 주택가의 골목을 활용해 식물원 쪽으로 진출하는 데 성공했습니다. 이들이 가장 먼저 대규모로 가두 진출에 성공한 시위대였습니다. 신 정문 쪽에서는 사대부고 쪽으로 돌파구를 찾았습니다. 시위대는 사대부고 담장을 무너뜨리고 1000여 명의 학생이 일거에 학교 밖으로 나갔습니다. 부산대 앞 주택가 골목으로 들어가 산업도로로 진출, 온천장으로 향했습니다.

024
스크럼

어깨 걸고 함께 가자

• 시위를 할 때 하는 어깨동무로 진압의 두려움을 극복할 수 있어 시위 현장에서 자주 쓰이는 방법입니다. 10월 16일 부산대 운동장에 모인 2000명의 시위대는 스크럼을 짜고 구호를 외치며 400m 트랙을 돌기 시작했습니다. 오전 10시 20분께 학생들이 신 정문을 돌파하며 시내로 진입을 시도했습니다. 하지만 경찰의 봉쇄와 진압에 막히자 학생들은 본관과 문창회관 등 사방으로 흩어졌습니다. 페퍼포그차가 이들을 추격했고, 경찰은 곤봉으로 학생들을 무차별 가격했습니다.

도서관 앞에서 대오를 정비한 시위대는 다시 운동장으로 집결했습니다. 경찰의 폭력에 격분한 학생들이 대거 참여해 시위대 규모는 3000여 명에 달했습니다. 학생들은 5, 6명 또는 7, 8명으로 스크럼을 짜 구호를 외쳤습니다. 교내 시위의 주된 구호는 "유신 철폐" "독재 타도" "언론 자유" "학원 자유" "민주 회복" 등이었습니다.

경남대에서도 18일 오후 정인권이 '분노의 고함'을 외친 후 함성을 지르며 스크럼을 짜고 교문을 향해 움직였습니다.

025
"몸 푸는 권투선수"

나비처럼 날아 벌처럼 쏘다

● 10월 16일 부산대를 나와 교대 앞에 다다른 시위대는 부산시경의 무장 기동대와 맞닥뜨렸습니다. 이 과정에서 많은 학생들이 부상을 당했습니다. 경찰은 사과탄을 던지고 최루탄을 쏘며 학생들의 도심 진출을 막고자 안간힘을 썼습니다.

당시 진압에 나섰던 부산진경찰서 서모 수사과장은 이렇게 말했습니다.

"시위하는 학생들이 권투시합을 앞두고 몸을 풀고 있는 선수 같아 보였다. 경찰 대열은 무너지기 시작했다. 방패가 없었다."

026
독재 타도

부마민주항쟁에서 나온 구호

• 부마민주항쟁 당시 대학생과 시민이 외쳤던 구호는 무엇이었을까요. 독재 타도, 유신 철폐, 언론 자유, 학원 자유, 민주 회복, 부가가치세 철폐 등이었습니다.

박정희는 반공, 친미, 구악 일소, 경제재건 등을 내걸고 1961년 5월 16일 군사 쿠데타를 일으켰습니다. 국가재건최고회의 의장에 취임한 그는 1963년 10월 제5대 대통령 선거에 출마해 윤보선 후보를 물리치고 당선됐습니다. 이후 6대, 7대 대선에서 연이어 승리했습니다. 하지만 야당의 공세가 만만치 않자 제3공화국 헌법을 폐기하고 6년 연임제와 대통령의 권한을 절대적으로 강화한 유신 헌법을 위헌적 계엄 아래 위헌적 절차로 만들었습니다. 사실 부마민주항쟁은 이런 박정희 정권의 영구 집권에 반발한 것이어서 '독재 타도'와 '유신 철폐'가 주 구호였던 것입니다.

언론과 학원의 자유를 구호로 내건 것은 당시 서슬 퍼런 긴급조치 9호(30~33쪽 참고) 때문이었습니다. 긴급조치 9호로 구속된 인사만 1387명에 달했습니다. 그만큼 시민의 삶을 억눌렀던 겁니다.

일부는 당시 영세상인의 목줄을 죈 부가가치세법(36~39쪽)을 철폐하라고 외쳤습니다. 중화학공업 위주로 재편된 경제정책과 오일쇼크로 인한 살인적인 물가만으로도 부산과 마산시민은 힘들었습니다. 여기에 갑자기 없던 세금을 내야 했으니 얼마나 분통이 터졌겠습니까.

027
애국가

항쟁 당시 불렀던 노래

● 항쟁 당시 시위대가 불렀던 노래는 무엇이었을까요. 아이러니하게도 애국가와 아리랑을 많이 불렀습니다. 당시에는 대중적인 민중가요가 거의 없었습니다. 주로 찬송가를 개사한 노래를 많이 불렀는데 이는 대중적이지는 못했습니다. 당시 금지곡이었던 김민기의 〈아침이슬〉이 민중가요로 자리잡아가고 있었지만 애국가와 아리랑에는 미치지 못했습니다.

　10월 16일 부산대 학생들이 부마민주항쟁의 시작을 알릴 때 불렀던 노래는 애국가와 교가였습니다. 이어 〈기다리는 마음〉〈우리의 소원〉〈아침이슬〉〈선구자〉로 이어졌습니다. 도서관 앞 잔디밭에서 100여 명이 앉아서 이 노래를 불렀습니다. 이날 저녁 부영극장 앞 도심시위에서도 애국가가 들렸습니다. 부산대 학생들이 부르는 교가와 번갈아 가며 시민의 관심을 끌었습니다.
　다음 날 낮 12시게 동아대 도서관 앞에서는 교가를 시작으로 〈선구자〉〈우리의 소원〉〈봉선화〉 등이 교내에 울려 퍼졌습니다. 학생처장을 비롯해 교수 수십 명이 출동해 학생들을 질책하며 해산하도록 했으나 학생들은 앉아서 이 노래를 목이 터져라 불렀습니다.

경남대에서도 애국가가 울려퍼졌습니다. 이윤도(경영학과 3년)가 17일 밤 도서관 2층 열람실에 들어와 "지금 우리가 공부할 때입니까. 지금 부산에 어떤 일이 일어나고 있는 줄 아시오. 우리가 시험공부나 할 때입니까."라고 고함을 질렀습니다. 그리고는 책상 위에 올라가 〈애국가〉〈사노라면〉을 부르고 도서관을 빠져 나갔습니다. 다음 날 도심 시위에서도 시민은 애국가를 부르며 경찰에 맞섰습니다.

유신정권은 200여 곡을 금지곡으로 지정해 부르지 못하게 했습니다. 부마민주항쟁이 있기 전에는 〈해방가〉〈농민가〉〈훌라송〉〈흔들리지 않게〉 같은 노래가 불렸습니다. 가사에 직접적인 감정이나 의지를 표현하지 못하고 추상적이고 관념적인 말로 사기를 북돋아 주는 내용이었습니다.

하지만 1980년대는 달랐습니다. 이때 민중가요가 꽃을 피웠습니다. 노래로 민주화에 앞장선 이들이 있었습니다. 이들이 적극적으로 노래를 만들고 불렀습니다. 노래를찾는사람들과 새벽이 대표적입니다. 이때 〈임을 위한 행진곡〉〈타는 목마름으로〉〈그날이 오면〉〈솔아 솔아 푸르른 솔아〉〈전진하는 새벽〉〈선봉에 서서〉 같은 노래가 창작돼 불렸습니다.

1990년대 시위 현장에서는 노동가요를 많이 불렀습니다. 노동 문제가 사회 이슈가 되면서 생긴 현상입니다. 〈철의 노동자〉〈진짜 노동자〉〈파업가〉〈단결 투쟁가〉〈끝내 살리라〉 같은 노래가 인기를 끌었습니다.

〈아침이슬〉은 영원한 저항의 노래로 불립니다. 2016년 촛불시민혁명에서도 이 노래는 불릴 정도로 국민의 사랑을 받고 있습니다. 최근에는 유행가를 많이 부릅니다. 2016년 이화여대생들은 학내 민주화를 요구하며 소녀시대의 〈다시 만난 세계〉를 불렀습니다.

미국에서는 1960년대 인종 차별에 반대하며 대규모 시위를 벌였을 때 밥 딜런의 〈blowing in the wind〉를 많이 불렀습니다. 중국 천안문 사태 때는 시위대가 최건의 〈일무소유〉를 불렀습니다.

028
언론사 공격

언론이 언론답지 못하면

● 부마민주항쟁에 참여한 시민과 학생이 언론사 건물 가운데 제일 먼저 부산MBC를 공격했습니다. 10월 16일 밤 10시30분께 500명의 시위대가 부산문화방송국을 공격해 출입문 셔터와 창문유리 등을 파손했습니다. MBC는 이날 공격으로 총 20만 원어치 피해를 입었습니다. TBC는 이에 앞선 오후 3시40분께 부영극장 앞에 취재차량을 보냈다가 시위대로부터 "뭐 하러 여기 왔느냐."라는 성난 목소리를 들었습니다. 시위대의 투석을 받아 차량 일부가 파손된 채 철수해야 했습니다.

이는 언론이 권력의 감시 기능을 제쳐둔 채 정권의 나팔수 역할을 한 것에 대한 분노였습니다. 시위대의 구호 가운데 '언론 자유'가 포함된 것도 이 때문입니다.

17일 부산지역 신문과 방송에는 이날의 시위가 보도되지 않았습니다. 국제신문 편집국에는 "왜 데모 기사가 안 났지요?" "내일부터 신문 끊겠습니다." 등의 항의전화가 빗발쳤습니다.

시위대는 이날 밤 10시께 부산일보사와 MBC를 차례로 공격했습니다. 특히 MBC를 전날에 이어 다음날에도 연일 공격함으로써 방송에 대한 분노를 터뜨렸습니다. 비슷한 시각 KBS도 공격을 받았습니다. 시위대는 후문을 통해 방송국 마당으로 뛰어들어 돌멩이와 유리병을 투척하고 각목으로 TV 중계차를 부수었습니다. 일부는 방송국 안으로 들어가 TV와 전화기 등 집기류를 깨부셨습니다.

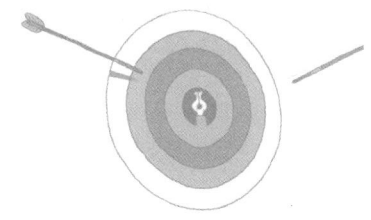

　하지만 시위대는 이 같은 언론 상황에서 유신정권에 비판적이었던 CBS는 건드리지 않았습니다. 당시 CBS부산방송국은 하루에도 수십 번씩 시위대가 이동하는 길목인 광복동(현 NH농협은행 부산지점 자리)에 있었지만 한 차례도 시위대의 공격을 받지 않았습니다. 일부 시위대가 멋도 모르고 CBS를 습격하려고 하자, 이를 말리는 시위대도 있었습니다. 당시 취재 기자의 증언을 보면 CBS 로고가 붙은 마이크를 들고 취재에 나서면 시위대도 취재에 응했다고 합니다. 이에 다른 방송사 기자들은 불리하면 CBS 기자를 사칭했다고 합니다. 시위대가 무차별적으로 언론사를 공격한 것은 아니었습니다.

029
중부산세무서

시위대의 타깃이 되다

• 부마민주항쟁이 일어났을 때 공격을 받은 관공서 중 하나입니다. 10월 16일 오후 시민이 참여하면서 구호에도 변화가 생겼습니다. "부가가치세를 철폐하라"는 구호가 등장한 것입니다. 이는 당시 박정희 정권의 가혹한 조세정책에 대한 불만을 표현한 것입니다.

1977년 신설된 부가가치세는 서민경제에 큰 부담을 주었습니다. 부가가치세 구호는 세무행정에 대한 지역 상공인의 불만을 반영했습니다. 이런 불만은 실제 세무서를 타격하는 일로 번졌습니다. 17일 밤 11시15분께 보수동 일대에서 시위를 벌이던 학생들이 중부산세무서에 이르렀습니다. 400여 명의 학생들은 중부산세무서에 돌과 유리병을 던졌습니다. 이들은 해운대경찰서 진압 경찰이 나타나자 대치하다가 흑교사거리로 이동했습니다.

030 관계기관 대책회의

박정희의 비상계엄 선포 지시를 전해듣다

● 10월 16일 부마민주항쟁이 일어나자 부산시와 보안부대, 경찰 등 관계기관은 대책회의를 열었습니다. 권정달 회고록을 보면 이날 주요 기관장들은 최석원 부산시장실에 모여 대책을 논의했다고 합니다. 권정달 보안부대장을 비롯해 이수영 부산시경국장, 정성만 2관구사령관도 함께 있었습니다. 박찬긍 군수사령관은 원로장성들이 대만에서 부산으로 들어오는 바람에 같이 술을 마셔 대책회의에 참석하지 않았다고 합니다. 이들은 부산지역에 계엄령을 선포할 것이라는 박정희 대통령의 사전 지시를 차지철 경호실장을 통해 들었습니다. 참석자들은 당황한 낯빛으로 "(비상계엄이 아니고) 경비계엄이 아니냐"고 되물었지만 차 실장은 다그치듯 비상계엄이라고 말했습니다.

　마산에서도 관계기관 대책회의가 열렸습니다. 부마민주항쟁 10주년 기념 자료집을 보면 당시 경남매일 사회부 기자들의 취재노트가 실려 있는데 여기에 이런 기록이 있다고 합니다. 19일 새벽 1시30분 마산경찰서에서 비상회의가 열렸습니다. 이날 회의에 중앙정보부 지역책임과 박종규 공화당 국회의원, 경남도경찰국장, 경남도교육감, 39사단장, 마산경찰서장 등이 참석했습니다. 당시 김성주 경남도지사는 다른 지역에 출장을 가 이 회의에는 참석하지 못했다고 합니다.

　18일 오후에는 청와대에서 대통령이 주재하는 안보회의가 열렸습니다. 이는 청와대 의전일지와 중앙정보부 중요 수사활동 보고에 나옵니다. 이때 박정희 대통령은 특별지시를 내렸습니다. '부산사건'에 조직적인 배후가 있는 것으로 보고 중앙정보부가 이를 조사하고 있으니 철저히 조사해 규명하라는 것입니다. 진상조사보고서를 보면 대통령의 지시는 계엄사의 시위 진압과 합동수사단의 수사에 압력으로 작용했을 것으로 추정하는 내용이 나옵니다.

031
충정작전

군경의 폭동 진압 작전

● 일반 시위와 달리 폭동진압을 위한 계엄군과 경찰의 작전입니다. 계엄군은 부마민주항쟁을 폭동으로 규정했습니다. 충정작전상 폭동은 다중집단이 사회 법질서를 파괴할 목적으로 폭도화 하는 것을 말합니다. 이때 진압은 군과 경찰이 합니다. 강도는 공세적으로 진압합니다. 작전의 목표는 돌격해서 시위대를 와해하고 재집결을 불허하며 주모자를 체포하는 것입니다. 장비로는 기본화기를 최대한 이용합니다. 와해 후 체포 시 필요하기 때문에 진압봉을 휴대합니다. 그래서 총 끝에 검을 꽂아 시위대를 향해 돌격하고 군중 속을 헤집으며 총검을 휘둘러 대오를 흩뜨려 놓았습니다. 시위대가 다시 집결하지 못하도록 하기 위해 흩어지는 참가자를 뒤쫓아 폭력을 가하고 체포했습니다. 이런 체포 작전은 '과감하고 무자비할 정도로 타격하여 데모대의 간담을 서늘하게 함으로써 군대만 보면 겁이 나서 데모의지를 상실하도록 하라'는 명령에 충실한 것이었습니다. 이 작전 때문에 다수의 피해자가 발생했습니다. 시위와 무관한 피해자들이 속출했습니다.

국제신문 김탁돈 사진기자는 10월 17일 밤 10시 광복동에서 경찰관 3명이 시민 1명을 폭행하는 장면을 몰래 찍다가 경찰에 잡혔습니다. 서대신파출소에 도착하자 경찰이 파출소 입구 양쪽으로 늘어선 30m 가량의 경찰기동대 터널 속을 지나게 했습니다. 이 과정에서 경찰은 몽둥이질 주먹질 발길질을 퍼부었습니다.

한 시민은 18일 오후 8시께 남포동 모 다방에서 미팅 중이었으나 난입한 계엄군이 묻지도 따지지도 않고 개머리판으로 머리를 가격했습니다. 어떤 시민은 계엄군에게 맞아 기절하기도 했습니다. 장이 파열되고 두개골이 함몰되는 중상을 당한 시민도 다수였습니다. 연인이 손을 잡고 가도 기분 나쁘다며 가혹행위를 저질렀습니다. 술을 마신 행인이 잡담을 나누자 "계엄 하에 정신 못 차린다."라며 마구 폭행하기도 했습니다.

이 같은 계엄군의 작전은 다음 해 벌어진 5·18민주화운동에서 유혈진압을 하는 선례가 되었습니다.

032
페퍼포그

경찰의 시위 진압용 가스 분사 차량

● 고추(Red Pepper)를 뜻하는 'Pepper'와 안개 발사 차량 'Fogger'를 합친 말입니다. 가스 분사기는 1969년 고려대 시위현장에서 처음 사용된 것으로 알려졌는데, 지프차에 가스 분사기를 달고 시위대를 향해 뿌리기 시작한 건 부마민주항쟁이 발발된 1979년부터입니다. 1980년대부터 시위현장에 화염병이 등장하면서 폭발 위험이 생겨났고, 1985년부터는 개량된 페퍼포그가 사용됐습니다.

부마민주항쟁 당시 페퍼포그는 시위대를 향해 가스를 뿜었습니다. 첫 등장은 10월 16일 오전 10시40분 부산대 교정에서 시위대가 폭발적으로 불어났을 무렵. 경찰은 정문을 넘어 시위대열을 향해 가스를 뿌렸습니다. 도망가는 학생을 끈질기게 쫓아 눈과 코에 매운 연기를 집어넣었습니다. 시위대가 도심으로 진출했을 때도 어김없이 페퍼포그가 등장했고, 마산에서 시위가 일어났을 때도 페퍼포그가 나타났습니다.

항쟁 당시 중구 광복동에서 시위대를 향해 질주하는 페퍼포그를 찍은 사진(국제신문 김탁돈 기자 촬영)은 당시 무자비하게 시위를 진압한 경찰의 모습을 보여주는 몇 안 되는 사진 사료 중 하나로 남아 있습니다. 사진을 촬영한 김탁돈 기자는 경찰에 필름을 빼앗기지 않으려고 오른발 양말에 감췄습니다.

033
사과탄

시위 진압도구

• 부마민주항쟁 당시 경찰이 사용한 진압도구 중 하나입니다. 사과처럼 생겨 사과탄이라는 별명이 붙었습니다. 경찰이 안전핀을 뽑아 시위대를 향해 던져 시위를 해산하는 무기입니다. 사람 가까이에서 터지면 최루분말과 파편에 큰 상처를 입기도 합니다. 특히 안면 주위에서 터지면 실명을 하거나 머리에 큰 부상을 입습니다.

고 서회인 씨는 10월 17일 하굣길에 부산 중구 대청동의 한 육교에서 사과탄에 얼굴을 맞았습니다. 얼굴이 피투성이가 돼 병원으로 후송된 서 씨는 그 후 6개월간 치료를 받았습니다. 하지만 후유증을 앓다가 2000년 39세로 세상을 떠났습니다. 부마민주항쟁진상규명 및 명예회복심의위는 2021년 10월 7일 회인 씨를 관련자로 인정했습니다. 그가 최루탄을 맞은 지 42년 만이자 숨진 지 21년 만입니다. 그녀의 사연은 국제신문 2021년 11월 9일 자 6면 '인생현상소'를 통해 알려졌습니다.

경찰이 시위를 진압할 때 사용한 장비는 사과탄 외에도 최루가스를 분사하는 페퍼포그라는 차량도 있었습니다. 눈이 매운 가스를 연기처럼 분사한다고 해서 붙여진 별명입니다.

가장 논란이 되는 것은 군인들의 시위 진압장비였습니다. 무엇보다 총에 대검을 꽂고 시위를 진압했다는 진술이 있습니다. 사실 이건 보는 이에게 공포의 대상입니다. 총알은 잘 보이지 않지만 칼은 눈에 보여 공포감이 배가됩니다. 부마민주항쟁진상규명위 조사와 당시 사진기자의 사진을 보면 군인들이 착검한 사실을 알 수 있습니다.

034
동래경찰서

부마민주항쟁 첫 진압 경찰서

● 1979년 10월 16일 부산대에서 시위가 벌어지자 최초로 진압부대를 투입한 경찰서입니다. 동래경찰서 외에 시경 소속 제1기동대와 제2기동대도 출동했습니다. 부산대 앞에는 총 585명의 경찰이 출동했고, 이중 동래경찰서 인원은 114명이었습니다. 이들은 부산대 신 정문과 구 정문 일대에 배치됐습니다. 오전 10시께 도서관에서 시작된 시위가 10시30분께 운동장을 가득 메운 대규모 대열로 확대되자 경찰이 진압을 시작했습니다. 10분 후 경찰은 신 정문을 열고 일제히 캠퍼스에 들어갔습니다. 이를 명령한 자가 누구인지 자세히 알려진 것은 없습니다. 다만 조갑제 전 국제신문 기자는 동래경찰서장이 진압부대의 돌격을 명령했다고 주장했습니다. 최루가스를 내뿜는 페퍼포그차가 앞서고 무장한 경찰이 그 뒤를 따랐다고 합니다.

　신재식과 류장현 씨의 증언을 보면 경찰은 달아나는 학생을 추격해 진압봉을 휘둘렀다고 합니다. 본관 2, 3층의 창문 유리가 최루탄에 깨졌고, 복도를 통해 들어온 최루가스가 건물을 가득 채웠습니다. 학생들이 저지선을 뚫고 도심으로 시위를 이어나가자 해운대경찰서 부산진경찰서 중부경찰서 서부경찰서 소속 경찰력이 동원됐습니다. 심지어 양산경찰서 경찰력도 출동해 진압에 참여했다고 합니다. 이날 시위 진압에 투입된 경찰은 총 2257명이었습니다. 부산지역 전체 경찰력의 60%에 해당했습니다.

　하지만 경찰은 시위를 효과적으로 진압하지 못했습니다. 시간이 지날수록 시위는 확산하고 시민 합류가 늘어나 경찰의 진압 작전은 한계에 직면했습니다. 그래서 군 병력을 투입하는 계엄령이 18일 0시를 기해 내려집니다. 항쟁 하루 만에 이수영 부산시 경찰국장은 경질됐습니다. 시위 진압을 잘 한다는 송제근 씨가 국장에 임명됐습니다.

035
달궈진 연탄

학생을 잡아가는 경찰을 향해 던지다

부마민주항쟁이 확산하면서 대학생에 이어 시민도 동참했습니다. 도심에서 대학생이 '유신 철폐'와 '독재 타도' 같은 구호를 외치며 시위를 벌이자 행인과 버스 승객은 "잘한다."며 박수와 함성을 질렀습니다. 시장 상인은 경찰에 쫓기는 학생을 숨겨주었습니다. 시위대를 가게 안에 숨겨주고 셔터를 내려 경찰의 추격을 따돌렸습니다. 일부는 학생들이 달아난 곳에 리어카를 몰아넣어 경찰의 추격을 방해했습니다. 심지어 일곱 살짜리 꼬마도 경찰의 추격을 방해했다고 합니다.

일부는 시위대가 배고프다며 음식물을 제공했습니다. 시위대에 김밥과 음료수를 건넸고, 주머니를 털어 담배와 빵, 과일을 사주었습니다. 이 시민은 결국 시위행렬에도 참가했습니다. 당시 시위 참가자의 증언을 보면 태극기를 나눠주는 문구점 주인도 있었다고 합니다. 최루가스에 고통스러워하는 학생들에게 화장지 뭉치를 던지기도 했습니다.

시민은 시위 학생을 붙잡아 몽둥이질을 하는 경찰에게 야유와 욕을 퍼부었습니다. 경찰과 계엄군의 진압에 맞서 일부 시민은 벌겋게 달궈진 연탄을 경찰을 향해 던지기도 했습니다. 특히 학생을 잡아가는 경찰을 향해 집어던졌다고 합니다. 재떨이 화분 병도 날아들었습니다. 자기 주변에 있는 것은 무엇이든 가리지 않고 경찰을 향해 던졌던 것입니다.

한편 시위대는 최루탄을 쏘는 경찰을 향해 주로 돌을 던졌습니다. 경찰은 폭탄과 총을 쐈다며 시위대를 폭도로 몰았습니다.

036 파출소

불의한 국가를 향한 분노

● 부마민주항쟁 당시 시위대의 주요 공격 대상이었습니다. 부마민주항쟁은 그간 시민이 정권을 향해 품어온 분노를 표출한 사건인 만큼, 파출소 같은 공공기관은 당연히 화를 피할 수 없었습니다. 가장 먼저 타깃이 된 건 중구 남포파출소. 1979년 10월 17일 오후 8시 50분께 500여 명의 시위대가 돌과 유리병 등을 던져 이 파출소를 부쉈습니다. 뒤이어 이날 밤 10시에는 부평파출소와 보수파출소가 공격을 받았습니다. 보수파출소는 30분 뒤 또 다른 시위대에 의해 재차 습격을 받기도 했습니다. 밤 10시 40분께에는 제1대청파출소, 밤 10시 45분에는 중앙동파출소, 밤 10시 50분에는 흑교파출소가 차례로 시위대를 맞이해야 했습니다.

비슷한 시각 서구에 자리한 파출소와 공공기관도 피습을 받았습니다. 이날 밤 10시~10시 40분에 200여 명이 부민파출소를, 밤 10시 45분~11시에는 경남도청을 공격했습니다. 밤 10시 50분~11시 충무파출소, 밤 10시 40분~11시 초장파출소, 밤 11시~11시 30분 완월파출소, 밤 11시 15분~17일 0시 40분 아미파출소도 연달아 돌 세례를 맞았습니다. 16일 하루 동안 시위대가 공격한 파출소는 중구와 서구에 모두 12곳입니다. 당시 공공기관에는 대통령의 초상화가 걸려 있었는데, 시위대는 기관에 걸린 박정희 대통령의 사진을 짓밟고 불태웠습니다.

다음 날인 17일에도 파출소 습격은 이어졌습니다. 이날 오후 7시 40분에는 서구의 충무파출소가 가장 먼저 시위대의 습격을 받았습니다. 충무파출소는 전날 밤에도 공격을 당했으니, 연이틀을 얻어맞은 셈입니다. 이날 시위대는 "유신 철폐" "독재 타도" 등을 외치며 밤 9시까지 충무동 일대에서 시위를 벌였습니다. 이날 밤 시위로 파괴된 공공기관은 모두 17곳이었습니다.

037
남매의 기지

누나는 정의를 안다

● 10월 16일 학생들로 보이는 한 무리의 시위대가 미화당백화점에서 국제시장으로 가는 길목에서 경찰과 마주쳤습니다. 시위대가 경찰을 보자 오른쪽 국제시장 골목으로 들어갔습니다. 전투경찰이 이 시위대를 쫓았습니다. 골목이 끝나는 맞은편에 적산가옥이 있었습니다. 그 집 2층 창틀에 네 살과 여섯 살쯤 돼 보이는 남매가 전경을 보고 있었습니다. 동생이 전경을 보고는 "아저씨, 절로 갔어요."라고 말했습니다. 그러자 누나가 동생의 머리를 때리며 "아저씨, 아니에요, 저쪽으로 갔어요."라며 반대 방향을 알려줬습니다. 네 살 동생은 순수해서 아무것도 모르지만 여섯 누나는 상황이 어떻고 무엇이 옳은지 알았던 거죠.

전투경찰로 이 현장에 있었던 이종설 씨는 이 장면을 부마민주항쟁 최고의 명장면으로 꼽았습니다. 영화로 만들 때 이 장면을 꼭 넣어야 한다고 강조했습니다. 이 씨는 시위를 적극적으로 진압하지 않아 병장이 아닌 상병으로 제대했습니다. 그는 "유신정부라는 게 그렇게 유치한 짓을 했어요."라고 말했습니다.

038
소복 여인

계엄군에 쫓기는 사람을 숨겨준 젊은 여성

● 10월 17일 자정 무렵 서구 구덕운동장 일대에는 마지막까지 시대위가 있었습니다. 계엄군이 이미 부산에 들어와 시위대를 쫓고 있었습니다. 송모 씨가 쫓기어 구덕운동장 인근 골목으로 들어갔습니다. 어디선가 계엄군의 군화발 소리가 들렸습니다. 점점 가까이 다가왔습니다. 그런데 어디선가 하얀 소복을 입은 젊은 여인이 나타났습니다. 여인은 송 씨 손을 잡고 "오빠, 아버지 제사인데 왜 이제 왔느냐. 아버지 기다리신다. 얼른 집에 들어가자."라고 했습니다. 송 씨는 이 여인의 손에 이끌려 집으로 들어갔습니다.

안쪽 방으로 들어가니 자기처럼 쫓기다가 들어온 사람이 7명가량 더 있었습니다. 이들은 숨도 쉬지 않고 조용히 있다가 군화발 소리가 들리지 않자 안도의 한숨을 내쉬었습니다. 소복을 입은 젊은 여인이 이 사람들을 모두 구한 것입니다.

이들은 바로 밖으로 나가지 못하고 이 집에서 밤을 꼬박 새웠습니다. 그냥 있기 뭐하니 시국에 대한 얘기를 했다고 합니다. 동이 터 오자 이 여인에게 고맙다는 인사도 못한 채 집을 빠져 나왔습니다. 젊은 여성이 어떻게 용기를 냈을까요. 참 대단한 일입니다.

039
반도호텔

수사당국의 시위 주동자 고문 장소

• 부마민주항쟁 당시 부산 중부경찰서 옆에 있던 호텔로 경찰이 시위 주동자를 이곳에 데려가 고문을 한 장소로 알려져 있습니다. 마산 출신으로 부산에 갔다가 부산항쟁 현장에 뛰어든 황성권 씨는 이곳에서 물고문을 당했다고 진술했습니다. 10월 16일 시위에 참여한 그는 창선파출소 앞에서 검거됐습니다.

"부산 중부서에 가자마자 반도호텔로 끌려가 물고문을 당했어요. 처음에는 북한과의 연계, 그 다음에는 남민전과의 관련, 이런 쪽으로 계속 조사를 했어요. 내가 아니라고 하니까 이틀 동안 고문했어요. 양팔을 뒤로 제쳐 수갑을 채우고 호텔 방 욕조에 눕게 한 후 얼굴에 수건을 얹고 샤워기로 물을 코 위에 뿌렸습니다."

부산 최초의 민간호텔인 반도호텔은 1954년 3층 건물로 문을 열었습니다. 부산 북항과 인접해 일본인 관광객이 많이 투숙했습니다. 중심 상권에 자리 잡아 1970년대 부산의 대표적인 호텔로 호황을 누렸습니다. 1980년대 들어 주변 상권이 쇠퇴하고 해운대에 특급호텔이 들어서면서 쇠락했습니다. 소유주가 자주 바뀌다 1994년 5월에 문을 닫았습니다.

040
문교부

휴교령 발동

• 부마민주항쟁 당시 대학 등 교육기관과 문화에 관한 사무를 관장하던 중앙부처입니다. 1948년 7월 17일 정부가 수립되면서 발족했습니다. 1990년 12월 26일 교육부로 개편되면서 폐지됐습니다.

부마민주항쟁 당시 장관은 박찬현이었습니다. 부산 출신인 그는 일본 메이지대 법학부 출신으로 보건사회부 정무 차관과 교통부 장관, 제헌국회·4·5·9대 국회의원, 주터키 대사, 경향신문 사장을 역임했습니다. 1977년부터 문교부 장관직을 수행하고 있었습니다.

그는 10월 16일 부산대서 시위가 일어났다는 보고를 부산대로부터 받았습니다. 보고를 받자마자 바로 김포공항으로 달려가 이날 오후 7시50분께 부산대를 방문, 친구인 박기채 총장을 만났습니다. 부산대는 밤 10시 긴급 교수회의를 열어 임시 휴교를 결정했습니다. 휴교령의 배후에 박 장관이 있었던 겁니다.

유신이 선포된 후 문교부는 대학 통제를 더욱 강화했습니다. 1971년부터 시작된 교련시간을 더 늘렸고 각 학교에 대한 간섭은 더욱 심해졌습니다. 대학 측에 시위 학생에 대한 학사징계를 요구했습니다. 1974년 4월 3일 발표된 긴급조치 4호에는 '문교부 장관은 대통령 긴급조치를 위반한 학생을 퇴학 또는 정학 처분을 내릴 수 있다. 해당 학생이 소속된 학교의 폐교 처분도 할 수 있다. 폐교에 따르는 제반 조치는 문교부 장관이 정한다'고 규정했습니다.

학도호국단 부활과 교수재임용제도 도입으로 유신정권의 대학 통제는 절정에 달했습니다. 학도호국단은 이승만 정권이 정치적 동원 수단으로 활용했습니다. 그 성격 때문에 1960년 4월 혁명 이후 폐지됐습니다. 학도호국단 부활로 학생자율기구였던 학생회는 폐지됐습니다. 문제 교수는 권고 사직당했습니다. 1976년 2월 28일 교수재임용제를 통해 416명의 교수를 학교 밖으로 쫓아냈습니다. 그 뒤에 문교부가 있었습니다.

041
부영극장

부산 시민항쟁의 주 무대

● 1969년 부산시 서구 충무동 2가에 세워진 영화관입니다. 당시 부산에서 가장 많은 좌석 수(1650석)를 보유한, 부산을 대표하던 영화관이었습니다. 가장 흥행성이 높은 영화를 상영했습니다. 하지만 90년대 들어서면서 극장의 중심이 서면으로 이동하자 쇠퇴의 길을 걸었습니다. 대우가 1996년 인수해 3년간 임대 운영하기로 계약하고 리모델링했습니다. 1998년 좌석 간격을 넓히고 디지털 음향으로 바꾸는 자구책을 마련했으나 거대한 물결을 되돌릴 수는 없었습니다. 특히 복합상영관 시대가 열리면서 결국 2000년 11월 6일 「글래디에이터」 상영을 마지막으로 폐관했습니다.

1979년 10월 부마민주항쟁이 일어나던 그 때에도 부영극장은 부산을 대표하는 극장이었습니다. 그래서 평소에도 사람들이 많이 모였습니다. 부산대에서 시작된 항쟁이 부영극장으로 이동하면서 시민이 대거 참여하는 시민항쟁으로 그 성격이 확대됐습니다. 당시 부영극장 일대에는 최대 5만 명의 인파가 모여 "유신 철폐"와 "독재 타도"를 외쳤습니다.

042
국제시장

시위대의 좋은 은신처

• 1945년 광복이 되면서 일본인들이 철수하자 자연스럽게 형성됐습니다. 1950년 한국전쟁 이후에 미군 군용 물자와 부산을 거쳐 밀수입된 물자가 유통돼 시장의 규모가 커졌습니다. 이 시장을 배경으로 한 같은 이름의 영화가 2014년 12월 개봉돼 인기를 끌었습니다.

10월 16일 오후 2시를 기해 부산대에서 일어난 학생 시위가 도심으로 확산됐습니다. 시위는 광복동 충무동 신창동 남포등 등 시내 중심가에서 동시다발적으로 진행됐습니다. 미화당백화점 앞에서 시위 규모가 1000명대로 커지자 경찰이 출동해 시위를 진압하려고 했습니다. 경찰은 시위대에 맞서 광복동 입구에 방어선을 구축하고 서서히 간격을 좁혀 나갔습니다. 시위 대열 속으로 진입해 곤봉으로 시위대를 구타하고 닥치는 대로 끌고 갔습니다. 시위대는 경찰을 피해 국제시장 골목으로 도주했습니다. 경찰의 진압이 느슨해지면 다시 나와 경찰과 대치했습니다.

17일 밤 항쟁의 주 무대는 국제시장이었습니다. 국제시장은 남포동과 광복동보다 시위하기에 좋은 환경이었습니다. 가로 세로로 바둑판처럼 수십 개의 블록으로 나눠진 국제시장은 구호를 외치고 달아나 숨기에 좋았습니다. 국제시장 곳곳에 밤만 되면 행상과 노점상이 들어찹니다. 이들은 경찰의 진압에 방해가 됐지만 반대로 시위대에게는 도주할 시간을 벌어주었습니다. 이날 밤에 광복동과 남포동 상가는 셔터를 내리고 장사를 포기했으나 국제시장 상인들은 점포문을 열고 피신하는 시위대를 받아주었습니다. 국제시장 주변에는 신문사와 방송국이 있었고, 무엇보다 시청이 있어 대학생과 시민이 집결했던 것입니다.

043
학도호국단

학생군사조직으로
당시 유일한 학생 대표기구

● 1985년 총학생회가 부활하기 전 대학 내 유일한 학생기구였습니다. 이승만 정권기인 1949년 학생 반공교육을 위해 만들었다가 1960년 4·19혁명을 계기로 해체됐습니다. 이후 박정희 정권기인 1975년 부활했습니다. 지금의 학생회장은 사단장, 단원(학생)은 학도로 불렀습니다. 호칭에서 드러나듯, 군 조직체계를 차용한 단체였습니다. 간부는 총장이 임명했습니다.

탄생 배경이나 기능을 보면 친정부적 성향이 강해 보입니다. 그런데 의외로 부마민주항쟁 당시 일부 학도호국단 간부가 '학생 대표기구'로서 학생과 국민의 생각을 정권에 제대로 보여줘야 한다는 생각을 가지고 있었습니다. 대표적으로 동아대 학도호국단 사단장이었던 이용수(당시 25세) 씨가 있습니다. 당시 항쟁에 나선 동아대 학생 중에선 10월 17일 열린 동아대 시위를 주도한 게 바로 이 씨라고 증언하는 이가 적지 않습니다. 이 씨는 원래 10월 24일을 '거사일'로 잡고 시위를 준비했는데, 전날인 16일 일어난 시위를 보고 계획을 앞당겼다는 주장도 있습니다. 이 씨는 동아대 시위 이후 체포돼 모진 고문을 받았고, 이듬해 5월 17일엔 부마민주항쟁 주동인물 예비검속령으로 보안수사대에 끌려갔습니다. 고문 후유증으로 이 씨는 1987년 9월 사망했습니다.

학생들 또한 학도호국단이 앞장서주길 바랐습니다. 그해 10월 20일 광주에서 자신을 'J여고 같은 젊은이'라고 소개한 고등학생은 광주 일대 고교 학도호국단 연대장에게 편지를 보내 "부산 대학생 선배들의 데모는 얼마나 장한 일인가"라며 "광주 시내 고교의 모든 연대장은 이와 똑같은 글을 읽고 학생 전체에게 알려야 할 의무가 있다."고 호소했습니다.

044
남민전

항쟁의 배후에 불순세력이?

• 유신정권은 항쟁을 호도하기 위해 여러 공작을 벌였습니다. 항쟁의 배후에 불순세력이 있다고 부각시킴으로써 저항의 정당성을 훼손하려고 했습니다. 이런 조작은 살인적인 고문을 통해 이뤄졌습니다. 가장 대표적인 것이 남민전 사건입니다.

유신정권은 부마민주항쟁을 북한의 지령을 받은 반국가단체가 배후 조종해 일으킨 폭동으로 조작했습니다. 이른바 남조선민족해방전선준비위원회입니다. 북한의 적화통일 혁명 노선에 따라 대한민국을 전복하고 사회주의 국가 건설을 시도했다고 합니다. 이들은 학생 지식인 긴급조치 위반자를 포섭해 대정부 투쟁을 조종하고 도시게릴라 방법으로 납치·강도 행위를 하도록 했다는 겁니다. 이들은 이 같은 목적을 달성하려고 사제폭탄과 실탄 등을 소지했다고 발표했습니다. 구자춘 내무부장관이 10월 9일 이 사건을 발표했습니다. 경찰이 사건 총책 이재문 등 20명을 검거했고 나머지 54명을 수배했습니다. 그러니까 부마민주항쟁이 일어나기 일주일 전입니다.

유신정권이 남민전 사건과 부마민주항쟁을 엮은 것은 10월 16일 도심시위를 주도하던 황성권(한국외대 서반아어과 3년, 당시 휴학)이 현장에서 체포되면서 입니다. 황성권을 남민전 관련자인 박미옥(한국외대 불어과 4년)과 연결시켰습니다. 경찰은 조사 과정에서 황성권이 6월 26일과 29일 서울에서 학생시위에 참여한 사실을 확인했습니다.

이에 부산대 시위에 배후가 있다고 확신한 경찰은 그를 반도호텔에 구금하고 시위의 배후를 캐물으며 고문했습니다. 견디다 못한 황성권은 박미옥과 시국담을 나눈 사실을 시인하자 그를 남민전 조직원으로 단정했습니다. 경찰은 남민전 조직원인 황성권이 휴학하고 마산에 가 있다가 부산지역 시위를 주동했다는 시나리오를 짰습니다. 중앙정보부 지휘 하에 보안사와 부산시경 인력으로 합동수사단을 꾸렸습니다. 치안본부 남민전 수사팀도 합류했습니다. 합수단이 내린 결론은 다음과 같습니다.

황성권은 평소 부산대에 관심이 많았다. 한동안 시위가 없었고 마산고 동창이 많았기 때문이다. 박미옥이 시위를 하도록 강요하자 마산고 동문 부산대 재학생을 만나 반정부 시위를 촉구했다. 박미옥은 10월 15일 부산에 시위가 있을 것을 알려주고, 시위 참여와 동시에 사제 폭탄을 사용하라고 교사했다. 16일 남포동에서 부산대 학생들의 데모에 합류하고 선두에서 반정부 구호를 외치고 시위를 지휘했다.

합수단은 여기에 종교단체와 야당을 배후로 연결시켰습니다. 합수단은 뒤에 첫 결과와 다른 수사 결과를 발표합니다. 하지만 이는 앞뒤가 맞지 않는 것이었습니다. 무엇보다 황성권과 부산대 시위 주도자는 관련이 없습니다. 주도자 중 누구 하나 황성권과 일면식이 없었습니다. 합수단은 이 공백을 메우기 위해 간첩단 사건에 연루된 적이 있는 노승일을 이용했습니다. 그를 고문해 허위 자백을 받아냈습니다.

045
동아대

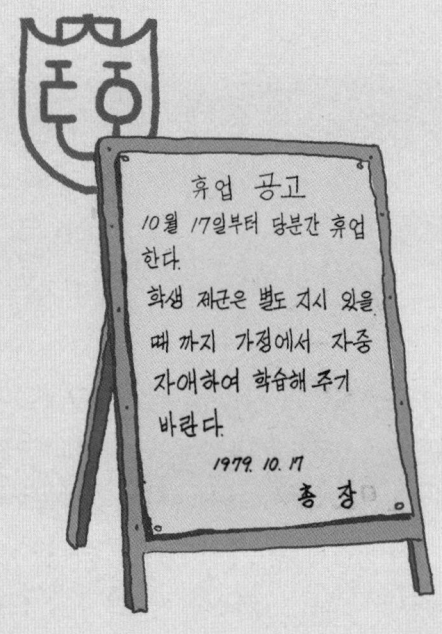

항쟁 이틀째 들려온 청년의 함성

● 부산대에서 시작된 항쟁은 17일 동아대로 이어졌습니다. 동아대에서 유신체제에 대한 반감이 컸습니다. 동아대는 김영삼 신민당 총재의 지역구여서 김영삼의 총재직 박탈과 의원직 제명이 영향을 미쳤다는 분석이 있습니다. 전날인 16일 부산대 학생 시위 소식이 동아대 학생들에게 전달됐습니다.

17일 오전 학교 근처에서 만난 이동관(당시 법학과 3학년) 김백수(법학과 2학년) 강명규(정치외교학과 2학년)는 시위를 결행하기로 의견을 모았습니다. 정오 도서관 앞 잔디밭에는 수백 명이 모였습니다. 학생들은 교가와 〈선구자〉〈우리의 소원〉〈봉선화〉 등을 부르며 연좌시위를 벌였습니다. 이때 학생처장 등 교수 수십 명이 학생들을 질책했지만 학생들은 오히려 교수에게 야유를 퍼부었습니다.

이어 강의실을 뛰쳐나온 학생들은 운동장에 모여 함성을 질렀습니다. 순식간에 시위대열의 규모가 불어나 1500명에 이르렀습니다. 오후 2시15분쯤에 하단캠퍼스 공대 학생 200여 명이 본교 시위에 합세하려고 구덕캠퍼스에 집결했으나 경찰의 제지로 합류하지 못하고 남포동으로 이동했습니다.

이후 다른 학생들도 도심에서 부산대 학생들과 합류하기로 하고 학교를 빠져나갔습니다. 많은 학생들이 구덕산과 경남고 담을 넘어 학교를 벗어났습니다. 교내에 남은 일부 학생들은 오후 4시까지 경찰과 대치했지만 오후 5시에는 대부분 학교를 나가 도심으로 이동했습니다.

046 김재규

현장에서 부마를 지켜본 정권의 실세

● 부마민주항쟁 당시 중앙정보부장(제8대)입니다. 정보부장을 하기 전에는 제9대 국회의원(유신정우회)과 건설부 장관 등을 역임했습니다. 군인이지만 나름 정치를 아는 인물이었습니다. 육사 2기인 그는 박정희 전 대통령과 동기였고 동향(경북 구미시)이었습니다. 육군 6사단장과 보안사령관, 3군단장을 역임하고 1973년 1월 6일 중앙정보부 차장에, 1976년 12월 정보부장에 올랐습니다.

그는 부마민주항쟁이 일어나자 부산에 와서 시민의 여론을 살폈습니다. 18일 새벽 부산에 도착해 오전 8시30분 1차 계엄관계관 회의에 참석했습니다. 그는 "부산소요사태 발생을 사전에 막지 못한 것은 수사기관의 실책"이라며 "비상계엄을 정부가 제시할 수 있는 마지막 카드라는 것을 명심해 박찬긍 계엄사령관을 중심으로 최선을 다해 임무를 완수하라."라고 훈시했습니다.

김재규는 부마민주항쟁으로 인해 국내 여론이 심각하다는 걸 인식하고 박정희 대통령에게 꽉막힌 정국을 풀기 위해 정치개혁을 건의했으나 좌절되자 10월 26일 박정희 대통령과 차지철 경호실장을 총으로 사살했습니다. 그는 신군부에 의해 체포된 후 "야수의 심정으로 유신의 심장을 쐈다."라고 밝혔습니다. 그를 변호했던 안동일 변호사는 "그는 대통령을 암살하지 않았다면 부마민주항쟁이 전국 5대 도시로 확대돼 4·19혁명보다 더 큰 사태가 일어났을 것으로 판단했다."라고 주간지와의 인터뷰에서 밝혔습니다.

김재규는 당시 YH무역 여성노동자 농성 사건, 김영삼 총재 제명 사건, 부마민주항쟁 등을 수습하면서 유신정권의 정당성에 의문을 품게 됐다고 합니다. 1980년 1월 28일 육군 고등계엄군법회의에서 내란 목적 살인 및 내란미수죄로 사형을 선고받고, 그해 5월 24일 서울구치소에서 사형되었습니다.

047
제보

프락치 활용

• 부마민주항쟁 당시 연행되거나 체포된 인물의 기록 중에는 제보라는 단어가 등장합니다. 이는 정보기관이나 경찰이 제보를 받아 관련자를 체포했다는 뜻입니다. 당시 경찰과 정보기관은 재학생 정보원, 일명 프락치를 활용해 학생을 감시하고 주동자를 색출했습니다. 대학에는 정보 형사들이 상주했습니다. 이들은 학생상담관이라는 직책으로 학교에서 버젓이 활동했습니다. 상담관은 이상한 동향이 감지되면 해당 학생을 찾아가 협박했습니다. 부마민주항쟁이 일어나자 이들은 배후와 주동자를 밝히기 위해 제보자를 찾았습니다. 학생과 교수들의 제보를 바탕으로 수사당국에 이를 알렸습니다.

제보에 의해 검거된 부산대 학생으로는 윤명학(사회복지학과 4학년) 엄태언(경영학과 2학년) 홍진호(기계계열 2학년) 이현호(생산기계과 3학년) 김종세(수학과 3학년) 등이 있습니다. 윤명학은 10월 12일 오후 버스에서 학생 수 명에게 "선언문 낭독은 누가 할 것인가. 할 사람이 없으면 내가 낭독하지"라고 말했다는 제보로 16일 검거됐습니다. 엄태언은 공대학생의 제보로 16일 시위에서 최선두자로 찍혀 17일 0시30분 검거됐습니다. 홍진호 역시 공대학생의 제보로 16일 운동장 시위의 선두자로 알려져 17일 새벽 1시에 경찰에 붙잡혔습니다. 김종세는 학과장과 연구사가 경찰에 알려 17일 오전 8시에 체포됐습니다.

048
조작

항쟁을 여론으로부터 분리하고자 한 공작

• 유신정권은 부마민주항쟁이 일어나자 관련자를 간첩이나 폭도로 조작했습니다. 항쟁을 여론으로부터 분리하고자 한 공작인 셈입니다. 항쟁의 배후에 사회혼란을 일으키는 불순세력이 개입했고, 저항세력의 폭력성을 부각함으로써 저항의 정당성을 훼손하려는 의도였습니다. 이는 살인적인 고문과 인권유린으로 이뤄졌습니다. 결국 항쟁을 북한의 지령을 받은 반국가단체의 배후조종에 의한 폭동으로, 항쟁 참가자는 총기를 사용한 폭도로 조작했습니다.

대표적인 게 남조선민족해방전선준비위(남민전 키워드 참고) 사건이었습니다. 수사 당국은 남민전 사건을 수차례 발표했습니다. 앞뒤가 안 맞았던 것입니다. 이 과정에서 관련자에게 고문을 가했습니다. 한 차례 간첩단 사건에 연루된 적이 있는 노승일 씨가 수사 당국의 타깃이 됐습니다. 합동수사단이 보기에 노 씨는 남민전 부산조직의 우두머리로 조작하기에 좋은 사례였습니다. 그는 결국 살인적 고문에 허위자백을 하고 말았습니다.

최성묵 중부교회 목사를 우두머리로 한 간첩단 사건도 대표적인 조작입니다. 10월 20일을 전후해 합동수사단은 부산대 시위의 배후에 대한 새로운 수사를 시작했습니다. 최 목사를 중심으로 한 지역 민주인사를 부산대 시위의 배후로 만드는 것이었습니다. 최 목사와 손학규 한국기독교교회협의회(KNCC) 간사, 김형기 목사, 박상도 부산도시산업선교회 총무, 김영일 엠네스티 부산경남지부 간사, 김병성 전 부산양서협동조합 간사가 20일 오후 1시께 보수동 모 다방에 모였는데 경찰은 이들을 모두 체포했습니다. 이들을 민주선언문(부산대 이진걸 작성) 제작에 관여한 황선용 남성철과 엮었습니다. 그 결과 최 목사는 김일성의 지령을 받은 수괴(우두머리)이고 김광일 변호사가 자금책으로 조작했습니다. 황선용은 학원에 침투하는 임무를 맡아 부산대 학생 이진걸 이호철 정광민 김종세 등을 포섭했다는 것입니다. 심지어 이들에게 돈까지 주었다고 꾸몄습니다. 황선용은 최 목사를 먼발치에서 보았을 뿐 개인적인 대화를 나눠본 적이 없었습니다. 김 변호사와는 일면식조차 없었습니다. 이진걸의 제안으로 10월 15일 시위계획에 참여했지, 그가 이진걸을 포섭한 것은 아니었습니다.

　수사 당국의 계속되는 고문과 협박에 황선용이 25일 자살을 시도했습니다. 고문에 굴복해 허위자백을 했다는 자괴감과 지인에 대한 미안함으로 극단적인 선택을 했습니다. 하지만 다행히 목숨을 건졌습니다. 다음 날 박정희 대통령이 피살되면서 수사는 새로운 국면을 맞았습니다.
　이 외에도 남포파출소 방화범 조작 사건, 사제총기 조작 사건 등이 있습니다.

제2장 계엄령

049
계엄령

부산시민의 저항이 거세지자
박정희 정권이 뽑든 칼

• 부마민주항쟁이 걷잡을 수 없이 커지자 박정희 정권은 18일 0시를 기해 부산에 계엄령을 내렸습니다. 계엄령은 쿠데타 내전 반란 폭동 등 초비상사태로 국가의 일상적인 치안과 사법권 유지가 불가하다고 판단될 때 대통령이 입법부의 동의를 받아 군대를 동원해 치안을 유지하는 조처입니다. 경비계엄과 비상계엄으로 구분됩니다. 경비계엄은 계엄군이 군사상 필요한 해당 지역의 사법·행정권을 행사합니다. 국민의 기본권을 제한할 수는 없습니다. 이에 비해 비상계엄은 대통령이 임명한 계엄사령관이 해당 지역의 모든 사법권과 행정권을 행사합니다. 언론 출판 집회 결사의 자유를 제한해 체포·구금·압수·수색을 할 수 있습니다. 국민의 기본권을 제한합니다.

부마민주항쟁 때 내린 계엄은 비상계엄입니다. 10월 18일 0시를 기해 계엄령이 선포된 후 10일간 유지됩니다. 더 오래 갈 수 있었으나 박정희 대통령이 살해되는 10·26 사건이 일어나면서 부산에 내려진 계엄령은 의미가 없어진 것입니다. 부산에 내려진 비상계엄은 제77회 국무회의에서 결정됐습니다. 회의는 10월 17일 밤 11시30분부터 다음 날 0시20분까지 중앙청 3층 국무회의실에서 최규하 국무총리 주재로 열렸습니다. 노재현 국방장관이 '부산지역 계엄선포에 관한 건'을 국무회의 안건으로 제출했습니다. 계엄 선포 이유는 부산시 일원에 학생 소요 사태가 발생해 중요한 공공시설이 파괴되고 인명 피해가 발생해 행정기관만으로는 사태 수습이 곤란해 즉시 군 병력으로 공공질서를 유지하기 위해서였다고 밝혔습니다. 김치열 법무장관이 정부의 통치능력이 제대로 발휘될 수 없다는 상태로 인식될 수 있다며 이견을 냈으나 원안대로 통과됐습니다.

　당시 계엄사령관은 육사 7기인 군수사령관 박찬긍 중장이었습니다. 국제신문과 부산일보 보도를 보면 10월 16일 항쟁이 일어났을 때 부마민주항쟁을 보도하지 않다가 박정희 대통령이 부산에 비상계엄을 선포하자 18일 자 1면 머리기사로 다뤘습니다. 기사 내용을 보면 학생 소요 관련이라면서 통행금지를 2시간 연장했습니다. 언론과 출판을 검열하고 집회를 금지했습니다. 각 대학에는 휴교령을 내렸고 유언비어를 엄금했습니다.
　비상계엄은 1972년 10월 17일 유신쿠데타가 일어난 후 7년 만에 발동된 것입니다. 반정부 시위로 인해 비상계엄이 선포된 것은 1964년 6월 3일 한일협정 반대투쟁으로 서울시 일원에 비상계엄령이 선포된 후 15년 만의 일이었습니다. 최초의 계엄령은 1949년 10월 21일 14연대 군인 2000여 명이 제주 4·3사건 진압 명령을 거부하고 무장반란을 일으켰을 때 여수 순천에 발표됐습니다.

050 계엄사령관

차지철 청와대 경호실장의 전화를 받은 박찬긍 중장

● 부마민주항쟁으로 선포된 계엄령 당시 계엄사령관은 군수사령관이던 박찬긍 중장이었습니다. 그는 육사 7기 출신으로 국방부 차관과 총무처 장관을 역임했습니다. 1926년생인 그는 경기도 파주 출신입니다. 조갑제의 『유고』와 계엄사령부 문건, 국방부 합동참모본부가 작성한 「부산사태」를 보면 정승화 육군참모총장이 박찬긍 중장을 계엄사령관으로 추천했으며 차지철 청와대 경호실장이 박 중장에게 전화했습니다. 정 총장이 전화를 건네받아 박 중장에게 계엄사령관 보임을 알려주고 준비를 지시했다고 합니다.

박찬긍 사령관은 합동수사단장에 부산지역을 관할구역으로 하는 501보안부대장인 권정달 대령, 계엄참모장에 군수사령부 참모장인 이재희 소장, 상황실장에 조정재 대령, 비서실장에 김진섭 중령, 행정처장에 오동진 대령, 치안처장에 군수사 헌병대장인 김만배 대령, 법무처장에 육군본부에 소속된 황종태 대령, 보도처장에 군수사 정훈참모인 박흥정 대령을 임명했습니다. 계엄사령부는 박찬긍 중장 휘하의 군수사령부 인력을 기본으로 해 구성하고 부족한 인력을 육군본부, 2관구 부대, 32사 등에서 차출했습니다.

계엄사령관은 계엄지역의 모든 행정과 사법 업무를 관장하고 관련 기관을 지휘·감독했습니다. 또 계엄사령부와 계엄군을 지휘하고 계엄위원회를 주재하는 최고 책임자였습니다. 소위 부산지역의 행정권과 사법권을 쥔 막강한 권력자였던 셈입니다.

한편 계엄군은 부산호텔 나이트클럽에서 총을 찬 채 행패를 부리다 총기를 잃어버리기도 했습니다. 계엄군의 일탈이 어땠는지를 단적으로 보여주는 사건입니다.

051
권정달

계엄사령부 합동수사단장

● 부마민주항쟁으로 구성된 계엄사령부의 합동수사단장이었습니다. 당시 권정달은 부산지역을 관할하는 501보안부대장이었습니다. 그는 육사 15기로 1978년 부산지구 보안부대장으로 부임했습니다.

『권정달 회고록』을 보면 그는 10·26사태 후 보안사령부 정보처장에 취임하는 동시에 계엄사령부 합동수사본부 국장을 겸임했습니다. 이후 전두환의 신군부에 합류한 뒤 국가보위입법회의 입법의원으로 민정당 창당을 주도했습니다. 민정당 초대 사무총장을 역임했습니다. 1936년생인 그는 경북 안동시를 지역구로 둔 제11, 12, 15대 국회의원을 지냈습니다. 12·12군사반란이 성공한 후 그는 언론통폐합과 검열을 주도했습니다. 광주민주화운동을 불러온 1980년 5·17 비상계엄 확대 조처에 깊숙이 관여한 것으로 알려졌습니다. 부마민주항쟁 당시 계엄사령부의 합동수사단장을 맡은 후 승승장구해 제5공화국을 이끈 핵심인물이 됐습니다.

하지만 그는 하나회 출신이 아니어서 권력에서 소외돼 13대 총선에서는 공천에서 탈락하는 수모를 겪기도 했습니다. 정치권 주변부를 맴돌다가 김영삼 정부의 역사 바로 세우기에 협조했고 15대 총선에 무소속으로 당선됐습니다.

052
공수부대 특전사

부마민주항쟁을 진압하기 위해
투입된 육군 소속의 특수작전부대

● 줄여서 특전사라고 불립니다. 이 부대는 5·18광주민주화항쟁 진압에도 투입돼 부마민주항쟁의 경험을 바탕으로 민주화운동을 진압했다는 지적을 받습니다. 항쟁이 격화되자 육군본부는 부산에 병력을 추가로 투입했습니다. 박정희 정권은 경찰로는 항쟁을 막기 힘들다고 판단해 18일 0시를 기해 계엄령을 발령하면서 계엄군을 편성했습니다.

계엄사령관에는 박찬긍 중장이 계엄사령관을 맡아 2관구사령부와 해병7연대, 3공수여단, 제2해역사령부를 지휘했습니다. 3공수여단을 제외한 나머지 부대는 부산지역을 관할하던 부대였으나 3공수여단만이 외부에서 항쟁을 진압하기 위해 투입됐습니다. 3공수여단장은 최세창 준장으로 육사 13기였습니다. 그는 전두환 전 대통령의 후배 기수로 군부 내 사조직인 하나회의 창설 멤버이기도 했습니다.

특전사 투입은 정승화 육군참모총장이 박정희 대통령에게 건의했다고 합니다(조갑제, 『유고』 23, 24쪽). 계엄령이 내린 18일에도 시위가 이어지자 19일에는 1공수여단과 5공수여단을 특전사령부(사령관 정병주) 병력과 함께 추가로 투입했습니다. 부산에 투입된 장병은 모두 4624명이었습니다. 이들은 마산 항쟁 진압에도 투입됐습니다. 20일 오후 1시50분 경남대에 도착해 작전을 수행했습니다.

공수부대가 시위 진압에 가장 먼저 나선 것은 1964년 6·3한일협상 반대시위 때부터입니다. 이때 386명이 투입됩니다. 갈수록 시위진압에 투입된 병력은 늘어났습니다. 1972년 유신헌법 선포를 위한 계엄 시에는 3582명입니다.

053
전두환

부마민주항쟁 당시 보안사령관

● 12·12 쿠데타로 정권을 잡은 전두환은 부마민주항쟁 당시 보안사령관이었습니다. 군수사령부 「군수사사」를 보면 계엄이 선포된 10월 18일 오후 12시 20분께 계엄사령부를 방문해 계엄사령관, 최세창 3공수여단장, 권정달 501보안부대장, 조정채 계엄사 상황실장과 동석했습니다. 최세창은 뒤에 12·12쿠데타에 핵심으로 참여한 군인입니다. 그는 5·18민주화운동 진압에도 가담했습니다. 뒤에 국방부 장관을 지냈습니다.

이 자리에서 전두환은 부산 상황을 수습하기 위해서는 초기 데모의 진압작전이 중요하며, 군이 개입한 이상 강력한 수단을 사용해 재발을 방지해야 한다는 데 뜻을 같이했다고 합니다. 차량 시위작전을 전개해 군의 위세를 과시함으로써 다른 지방으로 시위가 확산되지 않도록 해야 한다는 데도 의견을 같이 했습니다.

이어 2시께 부산대를 방문했다는 기록이 해병 7연대 상황일지에 나와 있습니다. 이후 부산시 각 기관 및 3공수여단을 방문해 장병을 격려했습니다. 그는 당시 보안사령관이어서 계엄사령부를 지휘할 위치에 있지 않았다고 주장해왔습니다. 그가 부마민주항쟁 당시 부산을 방문해 계엄 상황을 논의했다는 사실은 이듬해 일어나는 5·18광주민주화운동에서 그가 무자비하게 공수부대를 투입해 민간인과 관련자를 학살했다는 것과 관련이 있기 때문입니다.

경남 합천군이 고향인 그는 군내 사조직인 하나회를 결성해 세력을 키웠으며, 1979년 12월 12일 군사반란을 일으켰습니다. 이듬해 간접선거를 통해 대통령에 취임했습니다. 대통령에서 물러난 뒤 1995년 구속 기소돼 1심 재판에서 내란죄 및 반란죄 수괴 혐의로 사형을, 항소심에서 무기징역을 받아 형이 확정됐습니다.

하지만 1997년 12월 22일 사면복권 됐습니다. 2017년 발간한 자기의 회고록 『혼돈의 시대』에서 "5.18광주민주화운동 당시 헬기 사격을 목격했다."라고 증언한 조비오 신부를 '성직자라는 말이 무색한 파렴치한 거짓말쟁이'라고 써 사자명예훼손 혐의로 광주지법에서 재판이 진행 중이었습니다. 재판 과정에서 불성실한 태도로 여론의 비난을 받았습니다. 2021년 11월 23일 자택에서 화장실에 가던 중 갑자기 쓰러져 사망했습니다.

054
통금

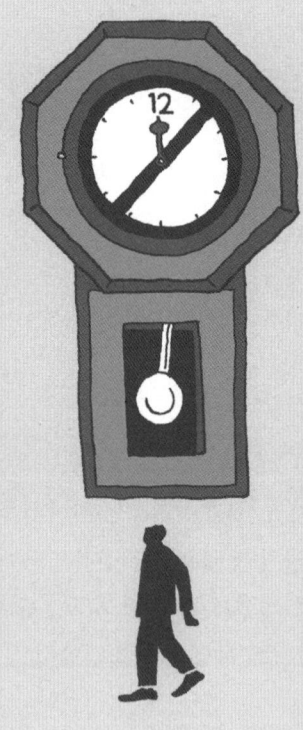

야간통행금지

1945년 9월 8일부터 1982년 1월 5일까지 36년여 간 시행된 제도입니다. 미군정 시기 서울과 인천에 한해 치안 및 질서 유지를 이유로 시작됐다가 6·25 전쟁을 계기로 1954년 4월부터는 전국으로 확대됐습니다. 밤 10시부터 다음날 새벽 4시까지가 통금 시간이었는데, 박정희 대통령이 쿠데타로 정권을 잡은 해인 1961년부터는 0시부터 다음 날 새벽 4시까지로 바뀌었습니다.

이 시기엔 매일 밤 10시마다 라디오에서 "청소년 여러분 밤이 깊었습니다. 집으로 돌아갈 시간이 되었습니다."라는 귀가 종용 방송이 흘러나왔습니다. 0시가 되면 사이렌 소리와 함께 방범대원의 호각소리가 들려왔습니다. 사람들은 버스 막차를 놓치지 않으려 정류소 앞으로 모여들었습니다. 통금을 어기면 파출소 유치장에 갇혀 다음 날 아침이 돼서야 풀려나곤 했습니다.

부마민주항쟁이 일어난 16일부터 부산의 통금시간이 밤 10시부터 다음 날 새벽 4시까지로 늘어났습니다. 19일엔 마산·창원 일대의 통금 시간도 연장됐습니다. 통금 시간을 늘려 시위대가 자연스럽게 해산하는 시기를 앞당긴 겁니다. 계엄군 역시 통금 위반을 이유로 시민을 검거하기 시작했습니다. 10월 19일 마산 경남공전에 다니던 한 학생은 이날 밤 11시께 시위에 가담하려고 이동하던 중 군인에게 붙잡혀 경찰서에 연행됐습니다. 통금 연장은 항쟁이 어느 정도 잠잠해진 10월 24일에야 원래대로 돌아갔습니다.

국민의 기본권을 강제했던 통금은 1981년에 서울올림픽 유치가 결정되면서 역사 속으로 사라졌습니다. 통금이 있으면 국제 스포츠 행사를 제대로 치를 수 없다는 이유였습니다.

055
부산여대

계엄령 발동 후 맨 처음 시위를 벌인 대학

유신정권은 16일 부산대에서 부마민주항쟁이 일어나자 18일 0시를 기해 부산지역에 계엄령을 내렸습니다. 군 병력이 대학과 시내에 주둔하면서 항쟁의 기운이 다소 꺾이는 듯했습니다. 하지만 연제구 부산여대(현 신라대) 앞에서 학생들이 시위를 벌였습니다. 비상계엄령 선포와 함께 계엄사령관 박찬긍은 계엄포고 제1호를 발표했습니다. 이에 따라 관혼상제(冠婚喪祭)와 비정치적 행사를 제외한 일체의 집회와 시위, 단체활동이 금지됐습니다. 언론·출판·보도·방송은 사전 검열을 받아야 했습니다. 대학은 휴교됐고 통금은 밤 10시로 앞당겨졌습니다.

부산여대 시위가 계엄령 하의 첫 번째 시위였습니다. 18일 오전 8시30분께 부산여대 정문에는 700여 명의 학생들이 모였습니다. 대학 측은 학생들에게 휴교 조처를 알리고 귀가를 종용했습니다. 하지만 학생들은 9시30분께 가두시위를 시작했습니다. 시위대는 양정로터리를 경유해 서면 방향으로 행진했습니다. 시민은 박수를 치며 호응했습니다. 이 과정에서 "유신 철폐" 구호를 외쳤습니다. 9시45분께 서면로터리 노동회관 앞에 이르렀습니다. 부산시경 소속 1기동대 171명이 출동해 강제 해산에 돌입했습니다. 10시30분까지 해산에 불응하고 집단행동을 지속한 56명은 동래경찰서로 연행됐습니다.

056
두들겨 맞은 경찰

경찰도 패는 계엄군

● 계엄군의 무차별 폭력을 보여주는 사건이 있었습니다. 계엄군이 경찰관을 두들겨 팬 것입니다. 이춘성 동부경찰서 형사팀장(경위)은 계엄령이 내려진 10월 18일 오후 5시께 휘하의 경찰관 3명과 함께 근무하던 중 공수부대원이 시청 앞에서 시민을 가혹하게 폭행하는 장면을 보고 경찰신분증을 제시하며 지휘관인 계엄군 대위에게 폭행 중지를 요청했습니다. 그러자 계엄군 대위는 "저 새끼들 조져."라고 말했다고 합니다. 바로 계엄군 10여 명이 4명의 경찰관을 에워싸고 참나무 몽둥이로 때리고 군화로 짓밟았습니다.

이로 인해 이 경위는 전신 타박상을 입었고 다른 동료들은 머리에 출혈, 고막 파열, 타박상 등을 입었습니다. 이는 이 경위가 부마민주항쟁진상규명위원회에 진술하면서 알려졌습니다. 이들은 모두 현직 경찰이었고 이 팀장은 간부였음에도 계엄군의 이러한 태도는 충격이었습니다. 현직 경찰을 대하는 이런 태도에서 공수부대가 부마민주항쟁을 어떻게 인식했는지 알 수 있습니다.

057
토끼몰이

경찰과 계엄군의 시위대 진압 방식

• 산토끼를 잡기 위해 목으로 토끼를 몰아넣는 일을 말합니다. 부마민주항쟁이 일어났을 때 경찰과 계엄군은 토끼몰이 식으로 시위대를 몰아붙였습니다.

경찰은 시위대를 향해 최루탄을 퍼붓고 곤봉을 휘둘러 공포심이 일어나게 했습니다. 곤봉은 소형(71cm) 중형(105cm) 대형(120cm)의 3종이 있었습니다. 소형 곤봉이라고 할지라도 맨손의 시위대를 가격하는 데는 큰 위력을 지녔습니다.

계엄군은 개머리판을 휘두르며 돌격해 대열을 분쇄하고 다시 결집하지 못하도록 흩어지는 군중을 뒤쫓아 추격했습니다. 부대에 따라서는 총에 검을 꽂은 채 시위를 진압하기도 했습니다. 시위 진압은 물론 연행 과정에서 무자비한 폭행을 서슴지 않았습니다.

18일 마산 항쟁 초기 경찰은 자체 힘만으로 시위를 진압했습니다. 하지만 저녁 이후 시위가 격렬해지자 경찰인력 만으로 진압이 어렵다고 판단해 군 병력 지원을 요청했습니다. 39사단 해군통제부 육군대학 탄약분창 등이 출동했습니다. 박정희 대통령은 마산지역 시위가 격렬해지자 부산지구 계엄사령관에게 "마산지역도 책임 지역으로 간주하고 공수특전여단 1개 대대를 마산으로 이동시켜 39사단장을 지원하라."고 지시했습니다.

058
언론 통제

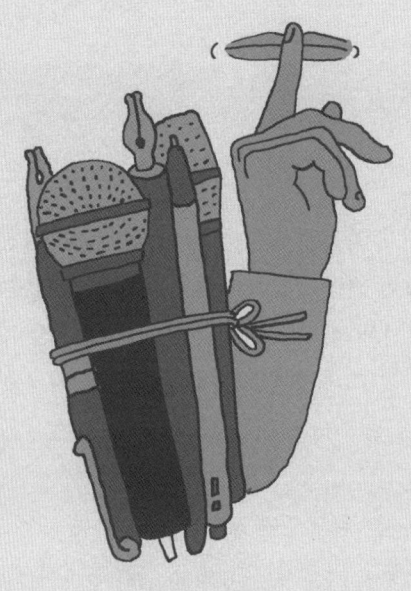

국민의 눈과 귀를 막아라

● 계엄사령부는 보도처를 설치하고 계엄사 또는 정부가 발표하는 내용 외에는 보도하지 못하도록 통제했습니다. 보도처 보도검열관실을 운영해 통제했습니다. 보도처는 군수지원사령부 정훈참모 박모 대령이 맡았습니다. 석간신문은 오전 8시에서 10시 사이, 조간신문은 오후 2시에서 밤 10시 사이에 검열을 받았습니다. 방송 및 홍보 관련 검열은 수시로 이뤄졌습니다. 주·월간 잡지와 기타 간행물은 오후 1시에서 3시에 검열이 이뤄졌습니다. 신문 검열을 받기 위해 신문사는 가인쇄본 2부를 제출해야 했습니다. 방송 및 통신사는 원고 한 부를 제출했습니다. 기타 간행물은 견본 2부를 제출해 검열 확인 도장을 받았습니다. 우 모, 최 모 소령이 검열관이 돼 국제신문과 부산일보를 검열했습니다. 검열관은 정해진 검열 시간 외에도 각 언론사를 순회하며 통제할 수 있었습니다. 부마민주항쟁은 긴급조치 9호에 의해서도 통제를 받았습니다.

주요 보도 통제 내용을 보면 계엄군에 대한 두려움과 위압감을 주는 기사, 시민이 안도감보다 공포심을 가지게 하는 방향의 기사는 삭제하도록 했습니다. 신민당 국회의원들의 발언은 선동적이어서 국민 여론을 자극하고 오도할 가능성이 있다는 이유로 보도를 통제했습니다.

마산 위수령 선포 이후 시가지 표정은 물론 학원가의 움직임도 보도하지 못하도록 했습니다. 심지어 강력사건마저도 시민에게 치안상 허점을 노출할 인상을 줄 수 있다며 보도를 막았습니다.

이런 통제 상황 속에서도 동아일보 이혜만 부산주재 기자의 부산지역 시위 상황이 그대로 신문에 나가는 일이 벌어졌습니다. "유신 철폐"를 외친 학생 282명이 경찰에 연행됐고 경찰 56명과 학생 67명이 중경상을 입었다는 내용이었습니다. 발행부수가 많은 2판(서울 경인지방 배포)에 이 기자의 기사가 실리자 중앙정보부 조정관은 인쇄를 중단시키고 신문을 전부 회수했습니다. 이 기사로 이 기자는 수배 상태가 됐습니다.

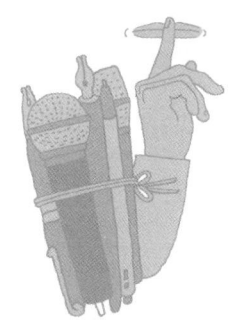

    기독교방송이 전국으로 송출되는 뉴스에 부산 주재기자를 연결해 부산 현지 상황을 전달했습니다. 이로 인해 이교석 보도부장은 반도호텔에서 중앙정보부의 조사를 받았습니다. 부산의 상황을 전한 임현모 기자는 보안사령부 501부대에 소환됐습니다.

059
VOA 방송 중지

부마민주항쟁에 대한 미국의 인식

● VOA(Voice Of America)는 미국의 소리 방송입니다. 미국 연방정부 산하 독립기구인 USAGM이 운영하는 국제방송입니다. 단파방송에서 출발해 현재는 인터넷방송과 위성방송도 송출합니다. 원래 국무부 소속이었습니다.

부마민주항쟁 당시 국무부는 부마민주항쟁을 격화시킬 수 있다는 이유로 김영삼 신민당 총재의 인터뷰 방송을 중지시켰습니다. VOA는 10월 18일 김영삼 인터뷰를 방송하려고 했으나 글라이스틴 주한 미국 대사는 "현재의 상황에서 이는 극도로 현명하지 못한 처사이며 현재의 민감한 상황에 불을 붙일 가능성이 있다."라는 이유로 반대했습니다. 국무부는 같은 날 워싱턴의 VOA 경영진과 이를 논의했습니다. 인터뷰 방송을 하게 되면 국무부에 이를 먼저 알리기로 하고 방송을 보류했습니다. 이를 통해 당시 미국의 부마민주항쟁에 대한 인식을 알 수 있습니다. 한국 정치상황의 새로운 변화에도 박정희 정권이 한반도 상황을 통제하고 있다는 인식이 있었습니다.

060 외신 통제

취재 자료, 촬영 필름 압수

● 부마민주항쟁이 일어났을 때 유신정권은 언론을 통제했습니다. 국내 언론뿐만 아니라 외신까지도 통제하고 감시했습니다. 뉴욕타임스의 도쿄특파원인 헨리 스코트 스토크스(Henry Scott-Stokes)가 10월 18일 도쿄에서 김해공항으로 입국했습니다. 그는 입국해 취재에 들어갔지만 계엄당국이 그를 밀착 감시했습니다. 어디에서 누구를 만났는지는 물론 신분증을 분실한 것까지 기록하면서 그의 일거수일투족을 감시했습니다. 그럼에도 그는 19일 뉴욕타임스에 '시위 소요 이후 군대가 부산 경비'라는 제목으로 장문의 기사를 게재했습니다. 그 내용은 다음과 같습니다.

> 언론은 검열을 받았고 밤 10시부터 새벽 4시까지 통금이 선포됐다. 대학은 휴교했고 모든 집회는 금지됐다. 소요로 5명의 학생이 사망했다는 불확실한 소식이 있다.

부마민주항쟁에서 사망자가 있다는 사실을 최초로 보도한 셈입니다. 영국 로이터통신 도쿄특파원도 23일 부산에 도착해 부산과 마산에서 취재를 벌였으나 감시를 받았습니다. 미국 ABC방송국 동경특파원인 퓨디 윌리엄(Puidy William)과 홍콩 주재 이태헌 기자가 21일 시청 앞 계엄군의 무력 진압 장면과 배치 상황을 3분간 비디오로 촬영했으나 필름이 압수되고 이들은 연행됐습니다. 이 같은 내용은 국방부 합동참모본부「부산사태」자료를 보면 알 수 있습니다.

그럼에도 김해공항을 통해 뉴스 필름이 외국으로 반출되는 사례도 있었습니다. 18일 오후 2시30분 NHK 관계자가 계엄군의 감시를 뚫고 필름을 반출하는 데 성공했습니다. 중앙정보부가 수사 초기 이 사건을 중요 사건으로 인식한 점을 본다면 부마민주항쟁과 관련한 기사일 가능성이 크다고 봅니다.

　계엄당국은 검열을 할 수 없는 외신에는 자기들이 제공하는 자료 외에는 취재를 허용하지 않았습니다. 허가 범위를 벗어난 취재 자료는 압수했습니다. 당국에 부정적인 기사가 실린 신문은 배포하지 못하도록 했습니다. 아사히신문은 시위 소식을 비교적 자세히 보도했습니다. 후지타카 아키라 한국지국장은 정희상 주재기자를 통해 재야단체와 종교단체, 동아일보 기자들의 반정부 자료를 입수해 보도했습니다.

061
유언비어

아무 근거 없이 널리 퍼진 소문

● 헛소문 또는 뜬소문이라는 뜻입니다. 부마민주항쟁이 일어났을 때는 지금과 같이 스마트폰이 없어 소식을 제대로 알지 못했습니다. 유일한 창구가 언론이었으나 유신 정권이 이를 통제해 시민이 항쟁의 진실을 알 수 없었습니다. 그래서 입과 입을 통해 각종 확인되지 않은 소문이 퍼졌습니다.

이런 소문 중에서는 '택시를 탄 민간인이 계엄군의 탱크에 짓밟혀 숨졌다' '이대생이 가위를 부산대에 보냈다' '계엄군의 진압으로 6명이 숨졌다' 등이 있었습니다. '부산사태는 보도된 것 이상으로 피해가 컸으며 조만간 서울에서도 터질 것이다' '부산 데모대 학생과 시민 14명이 경찰에 맞아 숨졌다' 등도 있었습니다.

당국은 이런 것을 유언비어로 규정해 엄중히 처리했습니다. 유포자 색출을 위해 시민이 모이는 유원지에 기동헌병을 보내 순찰했습니다. 유언비어를 유포한 사람을 찾아내 사법처리까지 했습니다. 표구점을 운영한 김종명, 서점을 경영한 노승일, 엠네스티 부산경남지부 간사인 김영일, 과외교사인 방경희 등을 처벌했습니다. 김종명은 17일 밤 9시30분께 부산역 광장에 모인 청년에게 시위소식을 전하면서 체포됐습니다. 자신이 들었던, 여학생 한 명이 사망하고 젊은 남자 2명이 할복자살했다는 이야기와 초량2파출소 인근에 불이 났다는 내용이었습니다.

하지만 이런 유언비어는 상당수 사실이었습니다. 택시와 탱크가 부딪혀 시민이 중상을 입은 것은 확인된 사실입니다. 초량2파출소 부근 화재도 사실입니다. 초량2파출소를 습격한 시위대가 방범 싸이카 2대를 불태웠기 때문입니다. 부마민주항쟁은 다른 지역에도 영향을 미쳤습니다. 전국 각지에서 부마민주항쟁 소식이 전해지면서 술렁거렸습니다. 김재규 중앙정보부장마저 이런 동향을 박정희 대통령에게 보고할 정도였습니다.

음~ 062

계엄군에 저항하는 방식

● 1979년 10월 18일 저녁 부산 부영극장에 운집한 1만여 명의 시민은 계엄군을 향해 입을 다문 채 "음~" 소리를 냈습니다. 벌이 내는 소리처럼 들렸습니다. 일종의 야유였습니다. 구호를 외치게 되면 누구인지 금방 발각이 되는 상황이어서 누가 무슨 소리를 냈는지 알 수 없게 한 것입니다. 당시 부영극장 주변에선 대검을 꽂은 채 대기하던 공수부대가 있었습니다. 총과 칼을 보고 누가 용감하게 앞으로 나설 수 있었겠습니까. 하지만 그냥 있을 수는 없었죠. 그래서 한 것이 "음~" 소리를 내는 것이었습니다.

계엄군도 수천 명이 이 소리를 내니 천둥소리처럼 무서웠을 겁니다. 그래서 일부는 놀라 공포탄을 쏘기도 했습니다. 그러자 1만여 명의 시민이 순식간에 흩어졌습니다. 10분가량 시간이 지난 후 시민이 다시 부영극장 앞에 모였습니다. 다시 "음~" 하는 소리가 났습니다. 그러자 이번에도 계엄군이 공포탄을 쐈습니다. 다시 시민이 도주했습니다. 조금 있다가 다시 모였습니다. 양측에서 팽팽한 긴장감이 흘렀습니다. 이런 모습이 서너 번 연출됐습니다.
이는 당시 전투경찰로 시위 진압에 참여한 이종설 씨의 증언입니다.

063
히트 앤 런(Hit And Run)

치고 빠지기

● 게릴라의 투쟁 수법 혹은 시민이 만든 새로운 시위 방식. 경찰과 군이 설명한 부마민주항쟁 당시 시위 방식입니다. 항쟁 때 시민은 경찰이 보이면 사람들 틈으로 숨었습니다. 그리곤 경찰이 없는 골목길에서 갑작스레 모습을 나타냈습니다. 구호와 노래를 신호로 흩어졌던 시위대가 다시 모이고, 앞에서 사라진 시위대가 경찰의 뒤편에서 다시 나타나는 식이었습니다. 시위대 자체도 구심점 없이 여러 곳에서 동시다발적으로 생겼습니다. 기존 시위는 선봉이 대열을 이끌고 행진하는 방식으로 이뤄져 경찰과 정면충돌하는 일이 잦았는데, 부마민주항쟁은 이처럼 시위대가 신출귀몰했던 탓에 진압하기가 어려웠습니다. 군경이 '게릴라식 시위'라며 항쟁에 배후세력이 있다고 주장한 이유이기도 합니다. 빨치산이 애용하는 시위 수법이란 겁니다.

하지만 오늘날 학계는 당시 시위 양상은 오히려 부마민주항쟁이 시민의 자발적 의거였다는 점을 보여준다고 설명합니다. 부산항쟁의 주요 무대는 중구 남포동 같은 시내나 국제시장(신창동)과 먹자골목(광복동)처럼 좁은 골목이 즐비한 곳이었습니다. 작은 상가들 사이로 골목이 골목으로 이어져 잠시 몸을 감췄다 다시 시내로 진출하기 쉬웠습니다. 게다가 당시 시장상인들은 경찰에 쫓기는 학생을 가게에 숨겨주거나, 먹을 것을 나눠줬습니다. 태극기를 건넨 상인도 있었다고 합니다. 이런 점들을 근거로 학계는 항쟁의 치열함과 도심의 지형이 새로운 시위 방식을 탄생시킨 것이라고 해석합니다.

064
고교생 시위

후배들도 가만히 있지는 않았다

• 부마민주항쟁에서는 고등학생들도 시위에 대거 참여했습니다. 항쟁에 참여해 연행되거나 체포된 사람들 중 10대가 상당수 있었습니다. 시위를 직접 목격하거나 전해들은 학생들은 학교로 돌아가 친구들에게 이런 사실을 알렸습니다. 부산지역 고등학생들은 항쟁 상황을 공유하며 학교 간 연합시위까지 계획했습니다. 경남고·삼성여고·동아고·대동고 등이 2개 그룹으로 나눠 연대해 시위하려고 했습니다. 삼성여고·동아고·대동고 등은 성명서 작성과 배포, 도심 이동경로까지 논의하며 시위계획을 구체화했습니다. 하지만 이는 사전에 발각돼 주모자들이 연행되면서 미수에 그쳤습니다.

이들 학교가 끝이 아닙니다. 20일 혜화여고 1학년 학생의 가방에는 '모 고등학교 학생대표' 명의로 살포된 쪽지가 발견됐습니다. '24일 수요일 오후 6시 서면 지하도에서 부산의 고등학생들이 모이기로 했으니 동참해 달라'는 내용이었습니다. 같은 날 오전 11시에서 오후 4시 사이에 시내 6개교(영남상고 해양고 동래상고 혜화여고 동아고 경남고) 학생이 시위를 할 계획이라는 첩보가 경찰에 입수됐습니다.

계엄당국은 이에 선도 대책을 세우라고 각급 부대에 지시했습니다. 18일과 20일에는 중앙정보부 2차장이, 22일에는 육군참모총장이 계엄사령관에게 대통령 지시사항을 전달했습니다. 부산 시경국장은 "전문대학 이상은 자숙 상태로 판단하나, 고교생은 징후가 있다."고 보고했습니다.

계엄위원회는 19일 오전 10시30분 고고생 시위 대응책을 주요 의제로 회의를 열었습니다. 고등학생의 집결을 방지하기 위한 대책을 수립하고, 통학버스에 사복 수사관을 배치해 첩보를 입수하는 방안을 논의했습니다. 또 선도반 교사에게 야간 통행증을 발급해 감시활동을 벌이는 방안도 나왔습니다.

계엄사령부는 고교생을 해산시키기 위해 공수여단도 출동시켰습니다. 20일 고교생 데모가 벌어질 것이라는 소식이 학생들 사이에서 확산되자, 오후 4시께 부영극장 일대에 3공수여단의 1개 대대 병력 347명을 긴급 출동시켜 학생들을 강제 귀가시켰습니다. 23일에는 37개 남고에 보관된 교련용 무기 2220점을 전량 회수해 2관구 경비 교육단 무기고로 옮겼습니다.

　부산시교육감은 고등학생 등·하교 시간에 맞춰 학교 주변에 군 병력을 주둔시켰습니다. 1, 3공수여단과 해병 7연대가 동원됐습니다. 이에 따라 22일부터 시작된 군의 무력시위는 26일 오후 1시까지 이어졌습니다. 군대를 투입해 고등학생의 집회를 봉쇄하고, 학생을 감시하는 일에 교사도 동원했습니다. 경찰은 학생 동향에 관한 첩보를 수집했습니다.

　고등학생에 대한 단속은 다른 지역에서도 있었습니다. 광주지역 고등학교 학생회 간부에게 우편으로 시국 관련 유인물이 도착하자 교육당국은 고등학생들에 대한 감시를 강화했습니다. 이런 상황에서 진해지역 고등학생들의 시위 첩보, 부산·마산지역 고등학생들의 시위 첩보가 계속해서 접수되자 관계 기관은 더욱 긴장했습니다. 계엄당국은 4·19혁명 당시 고등학생이 주도적으로 참여했던 점을 주목해 이 같은 조치를 한 것으로 풀이됩니다.

065
황당한 구금

정권을 비판했다는 이유로 불법 구금

• 부마민주항쟁 당시 정권을 욕했다는 이유만으로 억울하게 고문당하거나 옥살이를 한 시민이 적지 않습니다. 1979년 10월 18일 계엄령이 발표된 이후부터는 계엄군은 "유언비어를 퍼뜨렸다."며 시민을 군사재판에 회부했습니다.

방경희(당시 24세) 씨가 대표적인 피해자입니다. 서울에서 살던 그는 천주교 신자로, 평소 정권을 비판하는 신부님들의 말씀을 귀담아 들었습니다. 중앙정보부가 시위 학생을 고문하거나, 정부에게 피해 보상을 요구하는 농민을 납치했다는 이야기 등이었습니다. 그런 가운데 부산에서 큰 시위가 났다는 소식을 듣고는 홀로 부산행 열차에 올랐습니다.

19일 부산에 도착한 방 씨는 거리에서 만난 사람들에게 시위 상황을 물었고, 자신도 신부님들에게 들었던 정권의 민낯을 들려줬습니다. 그런데 방 씨와 대화한 누군가가 그를 경찰에 신고했습니다. 곧바로 체포된 방 씨는 고문과 함께 누가 시켜서 부산에 왔는지 대라고 추궁 받았습니다. 시킨 사람이 없다고 말하자, 경찰은 "네가 사라져도 아무도 모른다."며 자루에 넣어 해운대 바다에 빠뜨리겠다고 위협했습니다. 군에 넘겨진 그는 1980년 3월에야 재판을 받고 석방될 수 있었습니다.

계엄령이 포고되기도 전에 잡혀간 시민도 있습니다. 기름 배달부였던 박윤세(당시 37세) 씨는 10월 17일 부산 서구 충무동의 한 식당에서 밥을 먹던 중 지인에게 박정희 정권을 비판하는 이야기를 꺼냈다가 경찰에 연행됐습니다. 그를 체포하며 경찰이 들이댄 죄목은 '소요', 위험한 행동으로 공공질서를 해쳤다는 겁니다. 말도 안 되는 이유로 유치장에 갇힌 박 씨는 43일을 구금당한 뒤 풀려났습니다.

066
야당 사찰

신민당 당원 세부 동선까지

: 국군보안사령부가 부마항쟁 당시 야당인 신민당 당원을 사찰했습니다. 이는 1979년 10월 작성된 보안사령부의 비공개문건이 비밀해제되면서 세상에 알려졌습니다. 문건에는 신민당 당원 하부 동정, 합수단 조치사항 등의 목록이 있었습니다.

신민당 당원 하부 동정에는 7명 당원의 세부 동선이 구체적으로 적혀 있었습니다. 신민당 비주류였던 김상진 의원의 발언도 나옵니다.

유신정권은 부마항쟁의 배후에 야당이 있다고 믿었습니다. 그래서 야당을 철저히 감시해 뭔가 꼬투리를 잡아내려고 했습니다. 하지만 파고파고 또 팠지만 야당이 부마항쟁을 조종했다는 근거는 나오지 않았습니다.

야당이 부마항쟁과 관련된 보고서에 등장하는 것은 발발 초기 진상조사를 위해 의원 여러 명을 부산에 파견한 것이 거의 전부입니다.

067
전차-택시 충돌사고

일본방송을 통해
사고를 목격했다는 증언도

• 부마민주항쟁 당시 군 탱크와 영업용 택시가 충돌해 4명이 숨졌다는 소문이 광범위하게 퍼졌습니다. 계엄당국은 이를 숨겼으나 진상규명위의 조사 결과 이는 일부 사실인 것으로 드러났습니다. 아직까지 누군가 죽었는지는 확인되지 않으나 이 사고가 있었고 이로 인해 운전자와 탑승자가 부상을 입었다는 사실을 확인했습니다. 국방부 합동참모본부가 펴낸 「부산사태」를 보면 사고에 대해 상세하게 기술돼 있습니다. 이 기록을 보면 1979년 10월 18일 오전 9시5분 게 군수사령부 예하 부대인 종합정비창에 정비 목적으로 있던 전차 2대와 장갑차 1대가 계엄사령부 지시로 부산시청으로 이동 중 사고가 발생했다는 것입니다. 사고 상황은 이렇습니다.

전포동 철로 교각 인근에서 영업용 택시가 갑자기 끼어들었지만 전차 조종수 백○○은 이를 발견하지 못해 전차 왼쪽 궤도가 택시 뒷부분을 압착했다. 이 사고로 택시에 탑승한 박모 씨는 척추골절 등 중상을 입었고 같이 탑승한 양모 씨는 우측 등 부분과 허리에 타박상을 입었다.

군 검찰은 이 사건으로 전차 운전자인 백 씨를 업무상 과실치상 및 재물손괴죄로 수사한 후 1980년 5월 6일 기소유예 처분을 내렸습니다. 부산지검 형사사건부 기록을 보면 택시 운전수는 당시 23세로 업무상과실치상과 도로교통법 위반 혐의로 조사를 받았으나 1980년 3월 27일 '혐의 없음' 처분을 받았다고 돼 있습니다. 진상규명위원회는 이 같은 정보를 바탕으로 사고 관련자의 신원을 확인해 조사했습니다. 다만 택시 탑승객 박 씨에 대해서는 부산에서 식당을 운영하는 40대 여성이라는 것만 확인했을 뿐 신원을 파악하지 못해 조사하지 못했습니다. 위원회는 지금까지 조사한 결과를 바탕으로 사고 경위를 밝혔습니다.

10월 18일 오전 9시께 종합정비창에서 부산시청을 향해 출발한 전차가 오전 9시 30분께 전포동 철로교각 인근(현 송상현광장 부근)에 이르게 됐다. 당시 도로는 편도 3차선이었으며 전차는 2차로 직진 차선을 운행 중이었다. 사고 택시는 좌회전하기 위해 1차로에 정차 중이었다. 그러나 철로 교각이 2차로와 3차로 경계에 있어 전차 폭으로는 2차로를 유지한 채 직진하는 게 불가능했다. 그래서 1차로를 침범한 것으로 보인다. 그 결과 정차 중이던 택시를 미처 발견하지 못하고 택시의 우측을 충돌한 것으로 판단한다.

 이 사고로 우측 뒷좌석에 탑승한 왕 씨는 좌측으로 피해 큰 부상을 당하지 않았으나 조수석에 앉아 있던 박 씨는 좌석이 앞까지 밀려 의식불명 상태로 인근 병원에 후송됐습니다. 8주간의 치료를 요하는 뇌진탕과 척추골절 상해 진단을 받았습니다. 당시 이들의 치료비와 합의금은 택시회사가 지불했습니다. 택시는 크게 부서져 폐차됐습니다. 결론적으로 사망자가 발생한 사건은 아닙니다.

 하지만 부산 영도구에서 일본방송을 통해 부마민주항쟁 기간 중 부산지역에서 전차사고 장면을 목격했다는 증언이 나와 추가 조사가 필요합니다. 당시 영도에서는 일본방송 전파가 잡혀 이를 시청할 수 있었습니다.

제3장 마산

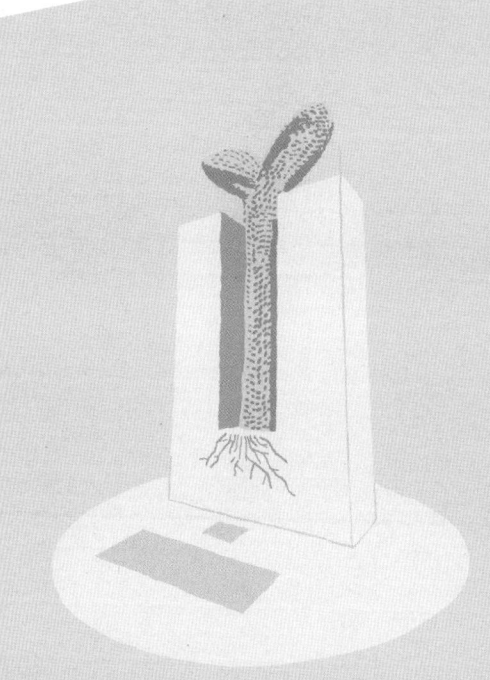

068
한일합섬

몰락한 경공업,
울부짖는 여공, 분노한 마산

• 1964년 설립된 섬유공업사로 1967년 경남 마산(현 창원시) 양덕동으로 본사를 옮긴 뒤 지역의 대표 기업으로 자리잡았습니다.

한일합섬은 1960년대 박정희 정권이 추진한 경제개발계획의 면모를 상징적으로 보여줍니다. 여공이라는 값싼 노동력으로 제품을 대량 생산해 해외에 수출해 외화를 버는 겁니다. 한일합섬은 1973년에는 국내 최초로 수출 1억 달러를 달성했고, 1976년에는 사원 수가 2만7000명에 이를 만큼 성장세가 대단한 회사였습니다. 그 이면에는 제대로 씻지도 못한 채 하루 14시간씩 일한 대가로 푼돈을 쥐어든 여공이 있었습니다.

그런데 1970년대 들어 섬유와 같은 경공업은 위기를 맞았습니다. 전국에서 임금을 체불하거나 사장이 잠적하는 사례가 속출했습니다. 부마민주항쟁의 계기가 된 YH무역 사건(1979년 8월)도 이런 흐름 속에서 발생했습니다.

그런데 박정희 정권은 생계를 위해 싸움에 나선 YH 여공을 달래기는커녕 탄압했습니다. 이 과정에서 김경숙 씨가 숨지는 사고까지 일어났습니다. 이런 와중에도 돈 있는 사람들의 씀씀이는 더욱 커졌습니다. '마이카 시대'란 말이 나온 게 이 즈음입니다.

수출 경공업이 지역경제의 근간이었던 마산은 경제 불황의 여파가 더욱 강했습니다. 그런 탓인지, 1979년 10월 18일 마산에서 일어난 시위는 유독 격렬했습니다. 당시 시위대는 저녁이 되자 "불 꺼라"는 구호를 외쳤습니다. 얼굴을 가리기 위함인데, 자가용 승용차가 불을 밝히고 있으면 전조등을 부쉈습니다. 그만큼 당대 노동자의 박탈감이 컸다는 말입니다.

069
박종규

피스톨 박, 경남대 이사장

● 박정희 정권 때 '피스톨 박'으로 불리며 권력을 휘두른 인물입니다. 1930년 경남 창원군 출생인 그는 미군정 국방부인 통위부 시절 박정희 소령 밑에서 부하 장교로 근무했습니다. 이런 인연으로 박정희가 5·16군사 쿠데타로 정권을 잡자 요직에 발탁됐습니다. 1964년 육군 대령으로 예편한 뒤 대통령 경호실장으로 부임했습니다. 1974년 8월 15일 육영수 여사 피습 사건이 일어날 때까지 10년 3개월간 경호실장을 하며 권세를 누렸습니다. 아무에게나 총을 들이대며 협박해 '피스톨 박'이라고 불렸습니다. 1970년 경남대 전신인 삼양학원 이사장으로 취임했습니다. 1971년 마산대를 인수해 경남대를 설립했습니다. 이사장의 이 같은 전력 때문에 부마민주항쟁이 발발한 1979년 당시 경남대는 '유신대학'으로 불리기도 했습니다.

사격을 좋아한 박종규는 1979년 국제사격연합회 부회장에 올랐습니다. 1980년 신군부가 정권을 장악한 후 김종필 이후락과 함께 부정축재자로 몰려 정계를 은퇴했습니다. 그해 3월 학생들의 반발로 이사장직에서 물러나 동생인 박재규 현 총장에게 이사장직을 물려주었습니다.

10월 18일 마산에서 항쟁이 일어났을 때 시위대에 의해 용마맨션 2층에 있던 자신의 공화당 의원 사무실이 습격을 받아 기물이 파손됐습니다. 오후 8시께 400여 명의 시위대는 용마맨션 건물을 향해 돌을 던졌습니다. 건물 셔터를 부수고 공화당 현판을 떼어냈습니다. 시위대는 길 건너편 주유소에서 석유를 가져와 현판에 뿌리고 불을 질렀습니다.

 최창림 마산경찰서장이 공화당사무실이 공격을 받고 있는 소식을 접하고 진압경찰을 직접 진두지휘해 현장에 출동했으나 시위대는 이미 자리를 옮긴 뒤였습니다. 시위대 중 일부는 동성동에 있던 그의 자택으로 몰려가 돌을 던지기도 했습니다. 막강한 권력자에 대한 반감이 표출된 것입니다. 이는 3·15마산의거 당시 허윤수 자유당 의원의 집이 시위대에 의해 파괴된 일을 떠올리게 했습니다.

　박종규는 19일 새벽 1시30분부터 1시간 동안 마산경찰서에서 열린 작전회의에 참석했다고 신문사 취재 자료에 나와 있습니다. 이날 회의에는 박 의원 외에 경남도경국장 경남도교육감 마산시장 마산경찰서장 39사단장이 참석했습니다. 국군보안사 자료에는 39사단 포병단장도 참석한 것으로 나와 있습니다. 이날 회의에서는 '지금 위수령을 내려야 할 시기인가'를 논의했다고 합니다.

　그는 1978년 제10대 국회의원 선거에서 마산시·진해시·창원군 선거구에서 황낙주와 함께 당선됐습니다. 부마항쟁이 일어났을 때 그는 국회의원 외에도 대한체육회장을 겸했습니다. 1985년 12월 사망할 때까지 국제올림픽위원회 위원으로 활동하며 체육계에서 입지를 다졌습니다.

070 마산수출자유지역

70년대 당시 우리나라 동남해안의
대표적인 국가산업단지

● '수출자유지역설립법'에 의해 건설된 우리나라 최초의 외국인 전용공단입니다. 외국의 선진기술과 자본을 도입해 수출, 고용창출 등으로 국가 및 지역 경제 발전을 선도한다는 목적으로 1970년 착공, 73년 완공되었습니다. 생산과 수출 중심의 수출자유지역으로 운영되면서 마산수출자유지역으로 불리다 2000년부터 마산자유무역지역으로 이름이 바뀌었습니다.

마산항쟁도 부산과 마찬가지로 항쟁의 불씨는 경남대를 비롯한 대학생들이 당겼지만 나중엔 노동자를 비롯한 시민이 합세함으로써 거센 불길로 타올랐습니다. 최근 연구에 의하면 마산수출자유지역의 공장 분위기는 마산항쟁을 키우는 사회·경제적 배경이 되었습니다. 이곳 노동자들은 공장을 통해 근대적 생활을 경험하면서 매우 강한 상승 열망을 가지는 동시에 공장 내의 억압·착취적 상황을 겪으며 불만과 분노가 누적되었습니다. 여기에 유신체제의 억압과 '김영삼 의원 제명'이라는 상징적인 정치인 탄압을 접하면서 불만이 폭발 직전에 이르렀고, 마침내 대학생들이 시위의 방아쇠를 당기자 노동자들이 항쟁에 대거 동조 참여한 것입니다.

071 경남양서조합 집현전

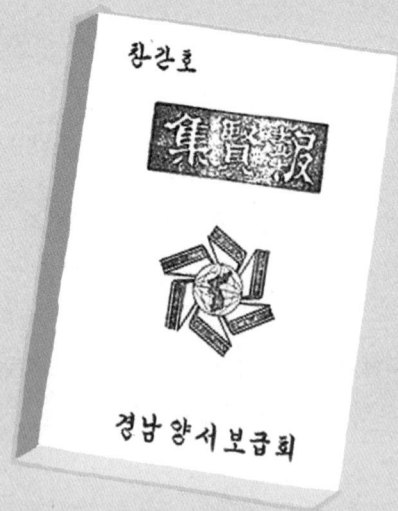

경남지역 민주화 단체

● 집현전은 조선 세종이 만든 학문연구기관입니다. 1978년 8월 16일 설립된 경남지역 양서조합이 같은 이름을 썼습니다. 마산 장군동과 창동에 자리잡았습니다. 이 단체가 직영하던 서점 이름입니다. 그래서 조합을 지칭할 때 집현전이라고도 불렀습니다. 양서조합으로는 부산에 이어 전국에서 두 번째로 설립됐습니다. 진실에 목말라하던 부마세대에게는 우물과도 같은 존재로서 우리나라 민주화와 시민운동에 기여했습니다. 민주화 관련 유인물을 제작해 마산 일원에 뿌리곤 했습니다. 하지만 당국의 감시와 자금 확보에 어려움을 겪으면서 부마민주항쟁 이후 소멸하고 말았습니다.

조합원들은 부마항쟁이 일어나자 계엄당국에 의해 항쟁의 배후로 지목됐습니다. 그들은 끌려가 온갖 고문을 당했습니다. 특히 김종철은 고문의 후유증으로 40대 초반의 나이에 숨을 거뒀습니다. 김종철은 마산고를 졸업하고 고려대 법학과 4학년 때인 1979년 10월 16일 부산 광복동 시위에 참가했습니다. 18일에는 마산 시가지 항쟁을 주도했다가 계엄사령부 합동수사단에 끌려가 모진 고문을 당했습니다.

이들이 발간한 회보 『집현보』는 전국 최초 지역 무크지 『마산문화』 창간(1983년)의 원동력이 됐습니다.

072
격문

학우여 일어나라

● 10월 18일 오전 7시에서 8시 사이에 경남대 교내에 하나의 격문이 발견됐습니다. 학도호국단 건물 앞 정자나무와 교내 연못인 월영지 옆 수양버들 나무, 도서관 대출계 출입문 등 세 곳에 붙어 있었습니다. 나무기둥에 스테이플러 침이 박힌 채 고정된 격문은 4절 크기의 흰 켄트지에 검정 매직으로 씌어 있었습니다. '민주회복 대학생 동맹' 명의로 '경남대학생 제위'에게 보내는 형식이었습니다. '독재자 박정희 파쇼 물러가라! 박정희의 앞잡이 공화당을 말살하자'라는 글귀가 있었습니다.

도서관 내에 붙은 격문에는 '학도여, 독재자들의 만행을 보고만 있으렵니까? 이 땅 위에 민주주의 회복을 위하여 우리 총화 단결하여 시위합시다'고 적혀 있었습니다. 흰 모조지에 검은 사인펜으로 썼습니다. 풀로 붙어 있었는데 이날 오전 7시20분께 학교 직원이 발견했습니다. 발견 당시 풀이 덜 마른 상태였다고 합니다.

이들 격문은 아침 일찍 철거돼 이를 본 학생은 거의 없었습니다. 그러나 격문이 붙었다는 소문이 일부 학생들의 귀에 들어갔습니다. 아침부터 사복형사들이 학교에 들어와 분위기가 예사롭지 않았습니다. 경찰이 수사했으나 격문 작성자와 부착자를 찾지 못했습니다. 나중에 밝혀졌지만 경남대학보사 기자인 이진욱(경남대 법학과 1학년)이 단독으로 한 행동이었습니다. 이들 격문은 짧고 거칠지만 마산민주항쟁의 대의와 학생들의 정치의식을 보여주는 유일한 문자 자료입니다. 2006년 육군고등검찰부 군법회의 자료가 공개되면서 이 격문의 존재가 드러났습니다.

이 격문과는 별개로 오전 9시께 '독재자 물러가라'는 내용의 전단 세 장이 살포됐다는 검찰의 정보보고가 있었지만 이 기록 외에 더 확인할 수 있는 자료는 없습니다.

073
경남대

독재자 박정희
파쇼 물러가라!
박정희의 앞잡이
공화당을 말살하자
慶南大學生諸位!
民主回復
　　大學生 同盟

마산민주항쟁의 발원지

● 경남 창원에 있는 사립대학교입니다. 1979년 10월 16일 부산대에서 일어난 부마민주항쟁은 인접도시 마산에도 영향을 미쳤습니다. 부산과 왕래가 잦아 언론에 보도되기 전인 17일부터 마산에 전파됐습니다. 이 대학에도 부산에서 통학하는 학생들이 있어 항쟁의 소식이 빠르게 전달됐습니다.

　17일 밤 도서관 2층 열람실에 이윤도(경영학과 3년)가 들어와 "지금 시험 공부할 때냐"고 고함을 질렀습니다. 이 사건은 뒤에 '유신선포 7주년 기념식'이라는 반어적 표현으로 알려졌습니다. 18일 오전 7~8시 교내 곳곳에 민주회복대학생 동맹 명의의 벽보가 발견됐습니다. '독재자 박정희 파쑈 물러가라. 박정희의 앞잡이 공화당을 말살하자' '학도여 독재자들의 만행을 보고만 있으렵니까. 민주주의 회복을 위해 시위합시다' 등이 적혀 있었습니다.

　학교 당국은 18일 새벽 비상교수회의를 소집했습니다. 회의에서 휴강 등이 거론됐으나 학교 당국은 대수롭지 않은 것으로 판단해 정상적으로 수업을 진행하기로 했습니다. 하지만 학생들은 모이기만 하면 부산 상황을 이야기 했고 경제학과 강의에서는 부산에서 통학하는 학생이 자기가 충무동 일대에서 본 시위 상황을 자세히 얘기했습니다.

이런 가운데 9월 중순부터 시위를 준비한 한양수(법학과 2학년) 최재호(경영학과 2학년) 정인권(국제개발학과 2학년) 박인준(법학과 2학년) 등 법정·경상계열 학생들은 점심시간을 전후해 서로 긴급하게 연락을 취했습니다. 오후 1시30분부터 시작하는 경영학과 허남수 교수의 강의를 듣기 위해 강의실에 모인 경영학과 2학년 학생들 가운데 과대표를 맡은 최재호가 강단으로 나와 "우리가 지성인이라면 유신 제도의 문제점에 대한 입장을 정확하게 표명하자. 다른 학과에서도 동참하기로 했다."며 함께하기를 제안했습니다.

이후 학생들이 점차 모여들자 학교 당국은 긴급 교수회의를 다시 열어 19일부터 무기한 휴교를 결정하고 오후 2시15분께 교내 방송으로 휴교령을 알렸습니다. 어정쩡한 상황에서 학생들은 도서관 주위에 모였습니다. 2시50분께 정인권이 불쑥 일어나 '노인정'(복학생들이 자주 모이던 장소)의 콘크리트 벤치 위로 올라가 외쳤습니다.

"국제개발학과는 모두 일어서서 집에 가자. 여기 이 속에서 우리가 앉아 있을 이유가 없다. 옳은 것은 옳고, 그른 것은 그르다고 솔직히 얘기할 수 있는 용기가 필요하다. 그것이 우리를 역사의 증인으로서 부끄럽지 않게 하는 것이다. 이러한 대의를 인식한다면 지금 이 자리에 멍청히 앉아만 있지 말고 우리의 이상을 과감히 외쳐라."

> 독재자 박정희
> 파쇼 물러가라!
> 박정희의 앞잡이
> 공화당을 말살하자
> 慶南大學生諸位!
> 民主回復
> 　大學生 同盟

　정인권은 비속어를 섞어가며 학생들의 자존심을 건드리고 우유부단함을 질타했습니다. 자리를 박차고 일어난 학생들은 "야" 함성을 지르며 스크럼을 짜고 "어쌔 어쌰"를 외치면서 교문을 향해 움직였습니다. 1960년 3·15 마산의거 이후 최초의 경남대학 학생 시위였습니다.

　교문에서 교수의 설득과 전경의 진압으로 학교 밖 진출이 막히자 학생들은 운동장에 모였습니다. 스크럼을 짜고 운동장을 돌면서 "유신 철폐" "학원 자유" "민주 회복" "자유 진리" "정권 타도" "휴교 철폐" 등을 외쳤습니다. 중간고사 시험 중이던 경남대학 병설 공업전문대학 학생들까지 모여 오후 4시5분께는 1000여 명으로 시위대가 불어났습니다. 이들은 다시 교문으로 몰려가 시내 진출을 노렸으나 경찰에 막혔습니다. 그러자 "3·15의거탑으로!"라는 말이 나오면서 항쟁의 무대는 3·15의거탑으로 이동했습니다.

074
3·15의 거탑

마산 민주운동의 상징

경남 창원시 마산합포구 몽고정길 133에 세워진 민주의거탑입니다. 1960년 이승만 정권의 3·15부정선거에 항의한 사실을 기념하기 위해 1962년 9월 20일 건립했습니다. 이 탑은 1960년 3월 15일 이승만 자유당 정권이 부정선거를 단행하자 같은 날 밤 마산시에 수많은 사람들이 몰려나와 부정선거를 규탄했습니다. 이 과정에서 많은 사람이 다치거나 숨졌습니다. 3.15의거는 이승만 정권을 무너뜨린 4·19혁명으로 이어졌습니다.

원래는 높이 12m인 탑을 포함해 42평밖에 되지 않아 시민에게 뚜렷한 인식을 주지 않았습니다. 그래서 1999년 14억 원을 들여 공원으로 확장했습니다. 분수와 인공폭포를 넣어 단장했습니다.

탑문에는 '저마다 뜨거운 가슴으로 민주의 깃발을 올리던 그날, 더러는 독재의 총알에 꽃이슬이 되고 더러는 불구의 몸이 되었으나 우리는 싸웠고 또한 이겼다. 삼월에 빗발친 자유와 인권의 존엄이 여기 영글었다'고 씌어 있습니다.

부마민주항쟁에서도 대학생들이 교내 시위를 한 후 이곳에 모여 시내 시위를 시작한 곳이라고 합니다. 시위대는 이곳에서 애국가를 불렀고, 시위 진압에 동원된 경찰에게 돌을 던지며 저항했습니다. 군 병력이 장갑차를 다수 동원해 진압에 나서자 시위대는 흩어졌다가 다른 곳에서 시위를 이어갔습니다. 18일 오후 8시40분께 시위대 800여 명이 도로를 차단하고 있던 경찰 100여 명과 대치했습니다. 누군가 길가에 세워져 있던 시내버스에 올라 운전대를 잡았습니다. 시위대가 버스를 밀자 버스는 경찰저지선을 향해 움직이기 시작했습니다. 버스가 빠른 속도로 내려오자 경찰은 황급히 비켜났고 버스는 길가에 있던 상점을 들이받았습니다. 경찰 저지선을 돌파한 시위대는 애국가를 부르며 마산경찰서 방면으로 이동했습니다.

075 마산경찰서

봉사　　질서

마산민주항쟁을 진압한 경찰서

● 1945년 10월 21일 문을 연 경남 마산지역 경찰서입니다. 지금 마산에는 마산중부경찰서와 동부경찰서 등 2개의 경찰서가 있습니다. 1984년에 마산동부경찰서가 신설돼 마산경찰서는 마산중부경찰서로 이름을 바꿉니다. 1969년 12월 18일 청사를 신축했습니다.

부마민주항쟁 당시 마산지역 항쟁을 진압하고 관련자를 색출해 체포·구금한 경찰서입니다. 항쟁이 일어난 18일 밤 10시 30분께 시위대 700여 명이 함성을 지르고 마산경찰서 앞에 도착했습니다. 이에 경찰은 최루탄을 발사했습니다. 시위대는 이에 맞서 돌멩이를 경찰서를 향해 던졌습니다. 마산우체국 앞에 있던 아치 모양의 선전판을 넘어뜨려 이것을 바리케이드 삼아 경찰과 대치하면서 연좌농성을 벌였습니다.

이들은 "구속 학생 석방하라" "박정희 물러가라" "김영삼 만세" "언론자유 보장하라"를 외쳤습니다. 당시 경찰서를 경비하던 인력은 20여 명밖에 되지 않았는데 700여 명의 시위대는 이를 알지 못했습니다. 만약 이들이 경찰서에 쳐들어가 무기고를 탈취했다면 광주민주화항쟁 같은 대규모 유혈사태가 일어날 수 있었습니다. 당시 학생과 시민의 공격을 받아 유리창이 깨지고 차량과 경찰장비가 파괴됐습니다. 당시 가액으로 총 354만 원의 피해를 입었습니다. 시위대가 마산경찰서를 공격하자 인근 경찰서 인력과 39사단 병력이 투입됐습니다.

당시 서장은 최창림이었습니다. 그는 위수령이 발동된 20일 오후 4시 50분께 경찰서에서 기자회견을 열어 "이번 사태에서 사제총기가 발견됐다. 조직적인 불순세력이 개입됐다는 증거다."고 발표했습니다. 그가 기자들 앞에 들고나온 사제총기는 조악한 것이었습니다. 무슨 펜 같았는데 도저히 총기로 보기 힘들었습니다. 사제총기 설은 조작됐다는 것이 정설입니다.

076
위수령

육군부대가 지역의 경비와
시설물을 보호하기 위해 내리는 명령

● 1950년 3월 27일 대통령령 제296호로 제정된 후 세 번의 개정을 거쳤습니다. 국방부는 2018년 3월 21일 위수령 위헌에 대한 논란이 계속되자 위수령이 시대 상황과 맞지 않으며 상위 법률의 부재로 위헌 소지가 있어 폐지하겠다고 발표했습니다. 같은 해 7월 4일 폐지령안을 입법예고했습니다. 결국 9월 11일 국무회의에서 68년 만에 폐지됐습니다.

부마민주항쟁 당시 시민을 탄압하는 수단으로 악용됐습니다. 10월 20일 낮 12시 마산지역 위수사령관 조옥식은 26일까지 마산과 창원지구 출장소 일원에 위수령을 발동했습니다. 조옥식은 담화문을 통해 마산시 일원의 일부 학생과 불순분자의 난동과 소요로 시민의 생명과 재산을 보호하기 위해 위수령을 발동한다고 밝혔습니다.

그러나 이 위수령은 위법한 절차로 진행됐음이 밝혀졌습니다. 관계 법령을 보면 병력 출동 요건을 갖추려면 경남도지사의 요청이 있어야 합니다. 하지만 도지사는 39사단에 출동을 요청한 바가 없었습니다. 따라서 이는 위법한 공권력 행사였습니다.

부마민주항쟁 외에도 위수령에 의한 병력 출동은 두 차례가 더 있었습니다. 첫 번째는 1965년 8월 14일 한일협정비준안 국회통과에 항의하는 학생들의 시위가 격화되자 서울특별시장의 요청으로 8월 26일부터 9월 25일까지 서울에 군 병력을 투입했습니다. 두 번째는 1972년 교련반대 시위가 격화되자 역시 서울특별시장의 요청으로 10월 15일부터 11월 9일까지 10개 대학에 병력이 출동했습니다.

077
사제 총기

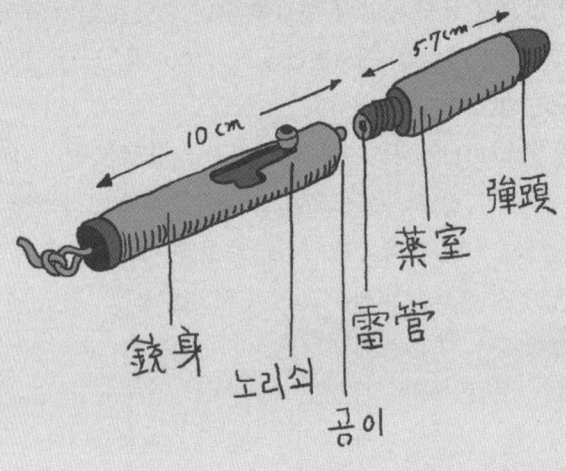

항쟁의 순수성을 왜곡하려 든 국가기관들

● 부마민주항쟁에 배후 세력이 있다고 조작한 대표적 사례로 꼽힙니다. 1979년 10월 20일 최창림 당시 마산경찰서장은 기자회견을 열어 '시위에 사제총기가 쓰였다'고 발표합니다. 이날은 마산에서 항쟁이 일어난 지 사흘째 되는 날입니다.

당시 최 서장은 길이 15㎝(총신 10㎝)의 사인펜 형태의 총을 보여주며 "배후에 조직적 불순세력이 개입된 징후가 농후하다."고 주장했습니다. 그는 이 총이 18일 밤 10시 마산시 창동 황금당 골목 시위 현장에서 발견된 것이라고 했습니다. 당시 누군가 총기를 발사했고, 이를 본 시민이 그를 추격하자 총을 버리고 도주했다는 겁니다. 경찰은 시위대 속에서 항쟁 참여자를 쏴 군중을 흥분시킨 뒤 당국에 발포 책임을 전가하려 한 것으로 보인다고 설명했습니다.

그러나 이는 항쟁의 순수성을 해치기 위한 조작이었습니다. 경찰이 공개한 총기는 손잡이가 없이 스프링 고리를 젖혀 발사하는데, 당시 회견에서 총기를 본 기자들은 총이라고 부르기도 민망한 것이라고 판단해 '엉터리 아니냐'란 반응을 내놨습니다. 총의 외관 역시 군대에서 신호탄으로 흔히 쓰이는 것과 흡사했습니다.

오늘날의 쟁점은 최 서장이 어떤 경위로 이 총을 항쟁 배후세력과 엮게 됐느냐는 겁니다. 이에 대한 실마리가 될 만한 중앙정보부 자료가 최근 새롭게 발견됐습니다. 502보안부대는 그해 10월 19일 민간인 황모 씨가 만년필 모양의 길이 10㎝짜리 총기와 실탄을 발견해 신고했다는 문서를 만들었습니다. 당시 경찰이 발표한 총과 보안대 문건에 기록된 총이 같은 것인지는 알 수 없지만, 경찰이 군으로부터 총기에 대한 정보를 받은 뒤 이를 시위 여론 악화용으로 조작했다는 추정이 가능합니다.

078
39사단

마산민주항쟁 진압 부대

• 경남 함안군에 있는 지역 방위 사단입니다. 2작전사령부 예하부대로 53사단 담당구역인 양산시와 해군 담당구역인 창원시 진해구를 제외한 전 경남지역을 담당합니다. 경남 창원시에 있다가 2015년 함안군으로 이전했습니다. 부대 마크가 파도여서 일명 파도부대라고 불립니다.

　마산에 항쟁이 일어났을 때 이를 진압하기 위해 투입된 부대입니다. 마산지역 주요 시설도 경비했습니다. 10월 20일 위수령이 발동되기 전인 10월 18일 밤 10시 30분께 39사단 1개 대대 병력이 15대의 트럭에 나눠 타고 마산에 투입됐습니다. 총 582명의 병력이 나섰습니다. 군인 한 명과 경찰 한 명이 한 조가 돼 움직였습니다. 청년만 보이면 무조건 연행해 갔다고 합니다. 전차 3대도 출동했습니다. 진실과화해위원회의 조사 결과 당시 39사단의 위수사령부는 마산경찰서 2층에 있었습니다.

　18일 진압을 마치고 원대 복귀한 39사단 병력(308명)은 19일 오전 9시 15분 다시 마산으로 출동했습니다. 차량 14대에 나눠 타고 마산에 도착했습니다. 도착 후 바로 마산시청 마산경찰서 법원 검찰청 방송국 등을 경계했습니다. 밤에는 더 주도적으로 시위 진압에 투입됐습니다. 밤 9시 15분께 MBC 방송국 앞에서 시위대 200여 명이 돌을 던지자 87명과 장갑차 3대를 투입해 19명을 현장에서 체포했습니다. 밤 9시 20분께는 3·15의거탑 인근 시위대를 군 병력이 장갑차 3대를 앞세워 분산시켰습니다. 시위는 자정 무렵에야 종료돼 다음 날 0시 10분께 철수했습니다.

　당시 53사단장은 조옥식 소장이었습니다. 마산·창원지역 위수사령관을 겸했습니다. 위수령이 발동되기 전에 군을 시위 진압에 투입해 위법성 논란이 벌어졌습니다.

079 반상회

부마민주항쟁을
불순분자의 폭동이라고 왜곡

유신정권은 1976년 4월 30일 매월 말일을 반상회의 날로 지정했습니다. 5월 31일 전국에서 처음으로 반상회가 열렸습니다. 반상회는 식민지 시기 애국반, 해방 이후 국민반, 1950년 말 국민방과 유사한 조직입니다. 유신정권은 반상회를 정부의 반공교육, 국정 홍보, 국민 행동지침을 전달하는 도구로 이용했습니다. 내무부 자료를 보면 1976년 기준 전국에 25만8821개의 반이 있었습니다. 매월 평균 579만1600가구가 참석해 85.8%의 참석률을 보였습니다.

부마민주항쟁이 일어났을 때에도 마찬가지였습니다. 마산시는 매월 25일 실시하던 반상회를 앞당겨 19일 오후 6시부터 열었습니다. 부마민주항쟁을 '불순분자의 폭동'이라고 왜곡 설명했습니다. 항쟁이 확대되는 것을 반상회를 통해 막아보려고 했던 것입니다.

080
편의대

사복을 입은 군인

● 부마민주항쟁 당시 시민을 감시하기 위해 사복을 착용하고 활동한 계엄군을 말합니다. 마산지역 위수령 발동 이후 소요 진압 작전 개시를 보고한 상황일지에는 10월 20일 오후 3시께 6명이 1개조로 편성된 10개조 60명이 사복을 착용하고 군중 속에 침투해 주모자를 색출했다는 보고가 있었습니다. 이 작전에는 5공수와 39사단이 동원됐다고 국군보안사령부 '상황보고'(1979.10.20. 마산지역)에 나옵니다.

22일에는 마산 전 지역에 오전 6시부터 오후 7시까지 5공수여단 편의대가 활동했습니다. 이들은 3명이 1개조로 움직였습니다. 주간에는 4개조 12명이 투입됐습니다. 야간에는 8개조 24명이 투입됐습니다.

사복 경찰도 시위대에 잠입해 주모자를 색출하고 검거했습니다. 18일과 19일 마산 시위에 참여한 이부길은 22일 마산시 장군동 가게에서 라면을 먹던 중 옆에 있던 어떤 남성이 마산은 어떠냐고 질문하자 "부산에서 데모로 사람이 2명 죽었다고 하더라. 이번 예비고사를 기해 다시 데모할 것이다."라고 대답했습니다. 하지만 질문을 했던 남성은 경찰이었고 그 자리에서 이부길은 연행돼 구금됐습니다. 그는 소요죄 혐의로 39일간 구금됐습니다.

081
14세

최연소 군법회의 회부자 나이

● 부마민주항쟁에 참가했다는 이유로 군법회의에 회부돼 재판을 받은 사람 중에는 14세 소년도 있습니다. 마산지역 중국집 배달원인 김효영은 소요죄로 10월 18일 체포돼 21일 구속됐습니다. 1심에서 공소가 기각돼 11월 28일 석방됐습니다. 유신 정권은 이처럼 중학생 또래의 어린 시민마저도 마구잡이로 잡아 사법처리하고자 했습니다.

마산지역에서 항쟁 참여로 구속된 사람 중 군법회의에 회부된 사람은 46명입니다. 이들은 소요죄 및 계엄법·긴급조치 9호 위반 혐의로 군 검찰에 송치됐습니다. 마산은 위수령이 발령된 곳이라 마산경찰서는 구속자를 관할 검찰청으로 송치했습니다. 하지만 10·26(박정희 전 대통령 살해 사건)으로 전국에 계엄이 확대되면서 군법회의에 회부됐습니다. 1심인 보통군법회의 공판은 11월 13~28일 다섯 차례에 걸쳐 진행됐습니다.

28일 열린 군법회의 선고 공판에서 6명이 징역형을 선고받았고 40명은 군 검찰의 공소 취소로 공소기각 결정을 받았습니다. 징역형을 받은 사람은 한양수(19·경남대 법학과 2학년) 장정욱(24·경남대 경제학과 3학년) 주대환(25·서울대 철학과 제적생) 윤정오(45·상업) 마오성(17·노동자) 지경복(16·노동자)입니다.

  부산지역에서는 43명이 군법회의에 회부됐습니다. 부산지역 당사자는 마산과 달리 수사나 공판 기록 등이 남아 있지 않아 이를 파악하기에 어려움이 있습니다. 보통군법회의에서 징역형을 선고받은 사람은 16명이며, 27명이 공소기각 결정을 받았습니다. 방경희(24·과외교사) 이희성(19·노동자) 황창문(26·노동자) 황상윤(24·노동자) 옥상열(18·경남공고 3학년) 김영일(24·엠네스티 부산경남지부 간사) 노승일(38·서점 태백산맥 운영) 이진걸(20·부산대 기계설계학과 3학년) 전도걸(21·부산대 경제학과 2학년) 이동관(25·동아대 법학과 3학년) 김백수(23·동아대 법학과 2학년) 등이 징역형을 받았습니다.
  방경희와 이희성은 10월 19일 각각 부산 초량동과 구포동에서 유언비어를 날조 유포하고 국론을 분열하는 말을 했다는 혐의(계엄법 위반)로 회부됐습니다. 보통군법회의는 방 씨에게 징역 3년을, 이 군에게는 소년법을 적용해 장기 3년과 단기 2년을 선고했습니다. 이들은 항소해 방 씨는 징역 1년에 집행유예 2년을, 이 군은 징역 6월에 집행유예 2년을 선고받고 석방됐습니다.

    황창문 황상윤 옥상렬은 남포파출소 방화 혐의로 기소돼 중형을 받았습니다. 황창문은 1심에서 징역 5년, 황상윤은 2년, 미성년자인 옥 군은 장기 2년, 단기 1년6월을 선고받았습니다. 황창문과 황상윤은 판결에 불복해 항소·상고했으나 기각됐습니다. 옥 군만이 장기 1년, 단기 6월로 감형됐습니다. 이어 고등군법회의 관할관의 형집행면제 결정으로 석방됐습니다. 황창문은 1982년 8월 15일 몸이 좋지 않아 형 집행 정지로, 황상윤은 이보다 앞선 1981년 1월 7일 형기가 만료돼 출소했습니다.

    이외에 김영일과 노승일은 최종심에서 징역 2년을, 이진걸 이동관 전도걸은 징역 1년과 집행유예 2년을 선고받았습니다.

082
"남편입니다"

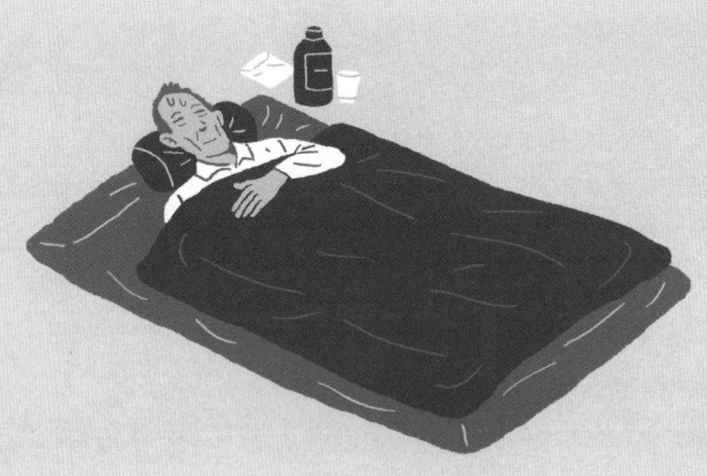

시위대를 숨겨준 식당 여주인

● 마산항쟁 중 일어난 일화입니다. 시위대의 한 사람이 경찰에 쫓겼습니다. 도망가다가 우연히 어느 식당에 들어갔습니다. 마침 식당에는 여주인이 있었습니다. 좀 숨겨달라고 하니 안방에 들어가 이불 쓰고 누워 있으라고 했습니다. 곧 경찰이 닥쳤습니다. 혹시 남자 하나 안 들어왔느냐고 묻자 그런 사람 없었다고 했습니다. 경찰이 "저기 이불 쓰고 누워 있는 사람은 누구냐"라고 묻자 여주인은 "남편인데 아파서 누워 있습니다."고 말했습니다. 그러자 경찰은 다른 곳으로 갔습니다.

이처럼 부마민주항쟁에서 시민은 자발적으로 나서 시위대를 도왔습니다.

083 오동동 문화광장의 부마민주항쟁 상징조형물

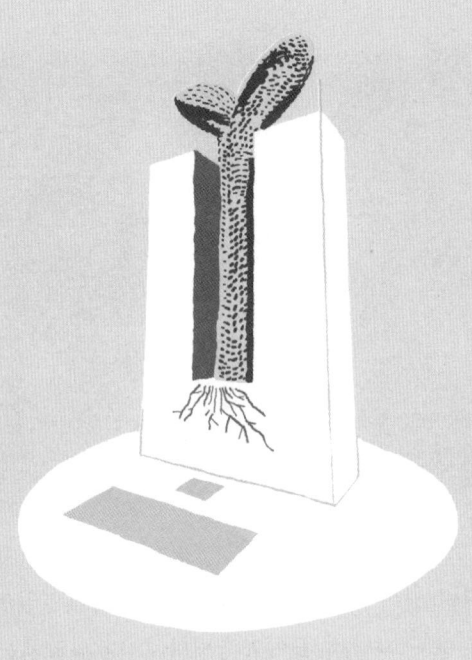

항쟁에서 보여준 마산인의 불굴의 정신 표현

● 창동 남성동 오동동은 마산항쟁 때 시위대와 경찰이 치열한 공방을 벌이던 곳입니다. 남성파출소 창동사거리 시민극장에 이르는 도로에서는 시위대와 경찰이 밀고 밀리는 공방전이 계속되고 있었습니다. 경찰이 진압하려고 최루탄을 쏘면 시위대는 골목으로 흩어져 도망갔습니다. 대진백화점 5층 분식센터에서 한 요리사가 진압경찰을 향해 맥주병을 던졌습니다. 창동사거리 근처 주상복합주택 5층 주택에서는 진압경찰을 향해 물을 퍼부었습니다. 시위대의 선두에는 각목이나 돌멩이로 무장한 청년들이 경찰과 격렬하게 맞섰고 시위대의 뒤쪽에서는 애국가와 선구자를 부르며 경찰에 대항했습니다.

빈 콜라병을 실은 트럭이 길을 잘못 들어 불종거리로 왔을 때 시위대는 차를 세우고 콜라병 박스를 끄집어 내린 후 진압 경찰을 향해 이를 집어 던졌습니다. 자갈과 벽돌을 실은 화물차가 시위 현장에 이를 내려놓고 가자 이를 던지는 시민도 있었습니다.

유흥업소가 밀집한 오동동에 있는 오동파출소는 시위대에 의해 여러 차례 공격을 받았습니다. 300여 명의 시위대가 몰려와 돌과 벽돌을 던지고 파출소에 들어가 기물을 파괴했습니다.

남성파출소는 시위대 집결지의 중심에 있어 가장 많은 공격을 받았습니다. 파출소 출입문 유리가 깨지고 내부 집기가 부서졌습니다. 당시 파출소 안에 최창림 마산경찰서장이 있었는데 출입문 벽에 몸을 붙이고 숨어 있었습니다. 시위대가 던진 돌에 맞기도 했습니다. 남성파출소 앞에 있던 시위대 검거 수송용 트럭이 불에 탔습니다. 이날 남성파출소 일대에서 200여 명의 시위대가 체포됐습니다.

부마민주항쟁기념재단은 지난해 항쟁 41주년을 기념해 항쟁의 주무대였던 오동동 문화광장에 부마민주항쟁 기념 조형물을 세웠습니다. 심이성 작가가 만들었고, 작품명은 '움트는 자유'로 평화의 상징성과 숭고한 가치를 형상화했습니다. 민주평화의 실현까지 아픈 역사를 딛고 꿋꿋이 솟아나는 새싹처럼 마산인의 강인한 불굴의 정신을 표현했습니다.

청춘의 함성, 시민의 합창

키워드로 읽는 부마민주항쟁

제3부
10월의 이름들

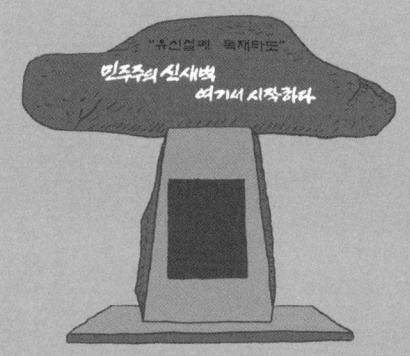

084
거대한 불꽃, 부마민주항쟁

임수생 시인의 부마민주항쟁 시

                1
1979년 10월 16일
마침내 불꽃은 치솟았다.
우리들의 불꽃은 바람에 펄럭이는 깃발 되어
거리와 골목
교정과 광장에서
민중의 손에 들려
노동자와 농어민
도시 빈민과 진보적 지식인
학생들의 손에서
거대한 불꽃으로 불기둥 되어
하늘을 찌르며 타올랐다.
……
타오르는 횃불은 민중의 힘이다.
민중의 힘은 횃불이 될 때 폭발한다.
민중은 민중의 삶이
절대권력 때문에 고통을 받을 때
고통을 물리치기 위해

자유로운 삶의 해방을 위해
항쟁의 횃불에 불을 당긴다.
혁명이여, 혁명정신이여
우리들의 죽음을 무릅쓴 항쟁은
우리들의 거대한 민중 항쟁은
자유와 민주주의와
민족통일
자주와 평화를 위한
꺼지지 않는 영원한 불꽃이어야 한다.
우리들은 우리들의 투쟁을 결코 잊어선 안 된다.
역사의 현장
민주의 절대한 힘을 하나하나 찾아내
역사의 기록으로 남겨야 한다.
민주투사 만세.
혁명투사 만세.

    고(故) 임수생 시인이 1989년 발표한 시 〈거대한 불꽃 부마민주항쟁〉 중의 일부입니다. 국제신문 기자 출신인 고인은 항쟁 10주년을 기념해 출판된 「부마민주항쟁 10주년 기념 자료집」에 이를 처음 발표했습니다. 2019년 항쟁 40주년 기념식 때 배우 조진웅이 일부를 낭독했습니다. 총 2장 84연으로 구성된 이 시는 부마민주항쟁이 어떻게 전개됐고, 어떤 의미를 지녔는지를 잘 보여줍니다.
    국제신문 2016년 9월 1일 자 25면에 보도된 「꽃노을 강변에 서서' 거침없던 임수생 기억하다」 기사를 보면 고인은 저항·자유·혁명의 시인으로 불립니다. 거침없이 발언하고 두려움 없이 행동했다고 합니다.

085 학장동 벽보

항쟁의 여진

● 1979년 10월 21일 부산 북구(현 사상구) 학장동 사상공단 일대에서 발견된 벽보를 말합니다. 계엄군과 검찰이 남긴 문헌에는 당시 이곳 전봇대와 담벼락 등 5곳에 벽보가 붙었다는 기록이 나옵니다.

시멘트 포장지에 검은색 매직잉크로 쓴 글입니다. 이날 국제양행 앞 전봇대와 일성포장공업사 담벼락에는 '젊고 젊은 이 몸이 오늘 죽고 싶은 것은 이미 기능을 발휘하지 못함이요, 다시 태어난다 해도 한국에 안 오려함은 가슴 속 붉은 피가 더럽혀질까 함이다' '3700만 국민을 위해서라면 똑바로 정치하라'고 적힌 벽보가 발견됐습니다.

바로 근처인 동성사 옆에 붙은 벽보엔 '북괴 향할 총부리 학생에 돌려졌으니, 자칫하면 이 몸도 대포 세례 받겠구나. 아~자유당 시절이 꿈이런가 하노라'고 쓰여 있었습니다.

천일공업사 앞 전봇대에선 '자유당 복사판이 부산에 있나니, 정의의 불꽃들이여 활활 타올라 시민이 침묵으로 후원하노라', 대영공업사 담벼락에선 '오늘의 사태를 어떻게 수습하느냐에 따라 박 대통령의 역사적 가치가 좌우될 것이다' '국민의 소리를 경청하라. 학생들 다치지 말라. 역사가 있다. 대통령은 명예로운 길을 가라'는 벽보가 발견됐습니다.

학계는 벽보가 모두 학장동의 인접한 장소에서 발견됐고, 문제의식이 같다는 점에서 동일한 사람 또는 집단이 쓴 것으로 추정합니다. 계엄령 이후 어렵게 분위기를 잠재운 군이 다시 긴장의 끈을 붙잡게 한 계기 중 하나였습니다. 안타깝게도 부마민주항쟁 당시 당사자가 경찰에 발각되지 않았기 때문에 벽보를 붙인 주인공은 지금도 누구인지 알 수 없습니다.

086 위로금

여론이 나빠지자 정부가 택한 당근

• 부마항쟁 당시 계엄군이 투입되고 나서 무자비한 인권 유린에 시민 여론이 악화됐습니다. 그러자 군 당국도 대응 방식을 바꿨습니다. 10월 22일 제4차 계엄관계관 회의에서 '시민을 대하는 방법을 개선하라'고 훈시했습니다.

계엄사령부는 심지어 부상당한 시민에게 위로금을 지급했습니다. 이는 계엄군의 가혹행위로 인한 악화된 여론을 달래기 위한 수단으로 풀이됩니다. 24일 제5차 계엄관계관 회의 보고사항을 보면 '부상자에 대해 계엄사령관 위로금을 전달했다'고 돼 있습니다. 전달자는 계엄행정부장과 계엄행정처장이었습니다. 위로금은 각 20만 원이었으며 총계는 360만 원이었습니다. 위로금 대상은 경찰 8명, 일반 8명, 학생 2명이었습니다.

김종길의 부친은 막대한 치료비를 감당하기 어렵자 계엄사령부를 찾아 항의했습니다. 그랬더니 계엄사령부 인사가 병원을 방문해 위로금 20만 원을 지급했습니다. 전병진은 시청에서 치료비를 신청하라고 해 했더니 상당한 고액이었음에도 시청에서 모두 지급했습니다.

양복공장 종업원이었던 안승록 씨는 17일 오후 8시20분 시위 참여자로 오인돼 부산대학병원 앞 골목에서 경찰에게 붙잡혔습니다. 체포 과정에서 구둣발로 고환을 차여 고환 절제 수술까지 받았습니다. 당시 21세였습니다. 부산시장과 군 장성이 찾아와 위로금 22만 원을 전하고 사과했다고 합니다.

2010년 진실과화해위원회 조사 결과 부산시 관련자들은 계엄군이 피해자들에게 치료비를 지원해준 사실이 없다고 진술했습니다. 하지만 다수의 진술에서 이는 거짓임을 알 수 있습니다. 계엄사령부가 위로금을 주었다는 것은 무고한 시민을 폭행한 사실을 스스로 인정한 셈입니다.

087 고문

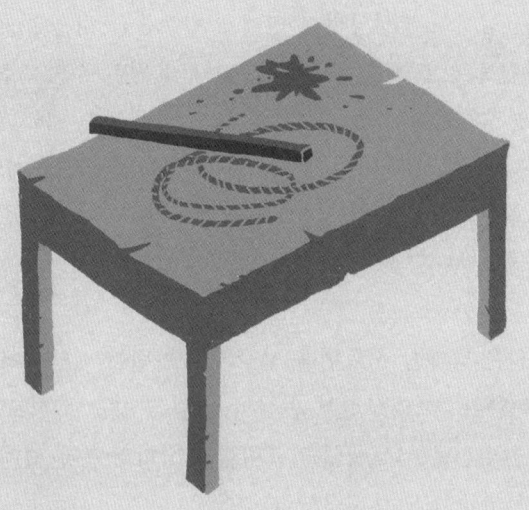

온갖 고통을 가하며 허위자백을 강요

• 유신정권은 부마민주항쟁 주동자에게 고문을 자행했습니다. 동아대 시위 주동자들이 큰 피해를 입었습니다. 중앙정보부 요원들이 시위 주동자의 수사를 지휘했습니다. 이들은 시위의 배후와 연계 조직, 폭탄 소지 혐의 등을 추궁했습니다. 나아가 시위의 배후로서 야당 또는 이북과의 연계를 추궁했습니다. 일부는 김영삼 신민당 전 총재와 연계해 야당에게서 자금을 받아 시위를 주도했다는 허위진술을 강요당했습니다. 또 다른 일부는 북한의 지시로 정부 전복을 도모했다는 자백을 강요받았습니다. 어떤 참가자는 폭탄을 넣은 가방을 메고 시청 폭파를 기도했다는 혐의도 받았습니다. 한 학생은 무릎 사이에 대걸레를 끼워 무릎을 밟고, 수갑을 채운 팔을 뒤쪽에서 당겨 올리는 고문을 당했습니다.

　시민도 고문을 당했습니다. 한 시민은 '김일성 만세' '김대중 만세'를 외친 사실을 실토하라며 곤봉으로 폭행을 당하고 물고문을 받았습니다. 고문으로 이 세 개와 코뼈가 부러졌습니다. 지하실로 끌려가 얼굴에 봉지를 씌우고 "너 같은 놈은 죽어야 한다."라며 죽음의 공포를 느끼게 한 경찰도 있었습니다. 취업을 축하하는 모임을 마치고 귀가 중 시위대로 오인돼 경찰에 끌려간 부산대 4학년도 있었습니다. 경찰이 일방적으로 시위 참여와 투석을 시인하라고 고문했습니다. 이 학생은 구금된 채 결국 취업의 기회를 잃어버리고 말았습니다.
　이 과정에서 경찰은 죽도로 두들겨 패거나 일명 통닭구이와 물고문을 했습니다. 천장에 매달고 고춧가루 물을 먹이는 고문을 자행했습니다. 여대생에게는 성고문을 하는 등 짐승만도 못한 짓을 저지르기도 했습니다.

088
낙인

계속된 고통

● 금속으로 된 도장을 불에 달궈 사람이나 동물의 피부에 고의적으로 화상을 입혀 지워지지 않게 표식을 하는 행위를 말합니다. 노예나 가축의 소유권을 표시하기 위해 주로 사용했습니다. 어떤 존재를 돌이킬 수 없이 뿌리 깊게 인식하도록 만든다는 비유적 뜻으로 쓰이기도 합니다. 집단이 개인에게 강제적 정체성을 부여하는 행위입니다.

  정부는 부마민주항쟁 관련자들을 감시하고 사찰했습니다. 부마민주항쟁에 참여했다는 이유로 필기시험에 합격했으나 신원조회에 걸려 취직을 못한 사람이 많았습니다. 집 앞에서 경찰관 2명이 감시하고 집 전화를 도청당한 이도 있었습니다.

부마민주항쟁 관련자 중 130명은 경제활동 하던 회사원 자영업자 일용직이 었습니다. 재판이나 즉결심판 등의 형사처벌을 받고 석방된 후 생업에 복귀하는 데 많은 어려움을 겪었습니다. 대학생 132명 중 67명이 취업과 회사생활에 불이익이 있었다고 호소했습니다. 신문사에 시험을 쳐서 합격했는데 면접에서 "당신 들어오면 또 데모하겠네."라는 말을 들으며 합격하지 못한 사람도 있었습니다. 한 수학교사는 권고사직을 강요당해 사표를 썼습니다. 위원회가 부마민주항쟁 관련 해직자로 인정한 사람은 20명입니다. 부마민주항쟁보상법은 재직 기간 1년 이상인 해직자만 생활지원금을 지급할 수 있도록 규정해 한계가 있습니다.

국가폭력 피해자의 가장 큰 고통은 피해자를 범죄자로 인식한다는 점입니다. 부마민주항쟁 관련자 역시 전과자나 좌익 용공으로 찍혔습니다. 당사자뿐만 아니라 가족까지도 이런 고통 속에 살아야 했습니다. 위원회가 이 같은 고통을 확인한 사람은 23명입니다.

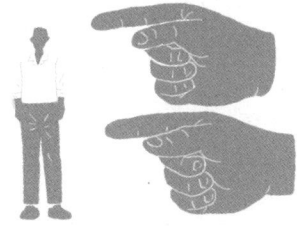

　어떤 사람은 구치소에서 나왔는데도 동네 사람들이 "저놈 빨갱이 새끼다."라며 손가락질하고 숙덕거렸다고 증언했습니다. 그래서 한동안 밖에 나오지 못하고 집안에서만 살았습니다. 어떤 관련자는 집안이 풍비박산 났습니다. 사촌형들이 술을 마시고 찾아와서는 집안을 다 부수고 갔습니다. "당신 아들 때문에 우리는 연좌제에 걸려 다 죽게 생겼다."라며 고함을 질렀습니다. 그때 그의 아버지는 충격을 받아 병이 들었고 사업마저 실패해 돌아가셨다고 합니다.

089
CIA 비밀문서

미국이 부마민주항쟁을 바라보는 시각

● 미국 중앙정보국(CIA)이 부마민주항쟁에 대한 보고서를 썼습니다. 이는 연세대 국가관리연구원에 있던 자료입니다. 여기서 수집한 자료는 미국 지미 카터 대통령 도서관에 소장된 자료가 원본입니다.

이 문서 작성일자는 모두 1979년 10월 26일로 돼 있습니다. 총 15쪽에 불과하고 비록 많은 부분이 삭제됐지만 많은 것을 알려줍니다. 당시 유신정권이 받은 충격을 알 수 있습니다. 문서의 주제를 보면 '학생 동향의 분위기' '국내 상황이 악화됐다는 군부 고위층의 합의' '경제장관들의 경제적 불만에 대한 논의와 시정하기 위한 정책 제언'이라고 돼 있습니다.

CIA는 정부 고위 관료를 만나 부마민주항쟁이 일어난 경제적 요인을 조사했습니다. 소득 분배의 양극화, 불공정한 세금 혜택, 상품가격 폭등, 저소득층의 대출을 막는 고금리, 기업과 공무원에게 우호적인 은행 대출 금리, 부가가치세를 문제점으로 지적했습니다. 이 보고서를 보면 박정희 대통령도 경제 문제를 깊이 인식했다고 합니다. 박 대통령은 경제기획원에 부가세 문제를 연구하고 대책을 세우라고 지시했습니다.

보고서에는 또 항쟁과 관련한 군의 동태가 나와 있습니다. 군은 서울에서 있을지 모를 만약의 사태에 대비했습니다. 수도경비사령부 예하 모든 보병연대는 공포탄을 지급했고 계엄령이 선포되면 서울로 진입할 태세를 갖췄습니다. 보안사령부는 시위 확대에 대비해 학생운동과 군의 접촉을 막고 군의 동요를 막기 위한 조처를 취했습니다. 보고서에는 또 정부가 지방 시위에 전문가를 급파한 내용도 있습니다. 지방경찰은 학생시위에 대처할 능력이 없어 보인다는 겁니다.

당시 정치권 상황도 묘사돼 있습니다. 박정희 대통령의 직접 통제를 받는 유정회조차도 유화책을 써야 한다고 주장했습니다. 신민당과 화해가 필요하다는 겁니다. 선별적으로 신민당 의원의 사표를 수리하자는 입장에서 후퇴해 모든 사표를 반려해야 한다고 했습니다.

보고서에는 또 부마민주항쟁과 관련한 전국 주요 대학의 움직임도 포함돼 있습니다. 연세대와 이화여대에 10월 29, 30일 시위가 있을 예정이라고 전망했습니다. 잘 알려지지 않았으나 진주에서 18일 시위가 일어났다고 적혀 있습니다. 수를 알 수 없는 경상대 학생들, 고교생, 시민이 시위에 참여했다고 합니다.

　대구 청주 서울대에서도 반정부 유인물이 배포됐습니다. 전남대와 경북대에서도 불을 지르고 시위 참가를 촉구하는 편지가 나돌았습니다. 25일 대구 계명대에서도 학생 1000여 명이 시위를 벌였습니다.
　이와 같은 사실이 알려지면서 CIA 문서는 부마민주항쟁을 연구하는 데 도움이 되었습니다.

　한편 10월 20, 21일 한양대 법학과 학생 150여 명이 체육대회를 마치고 '유신철폐' 구호를 외치며 교내시위를 했다는 주장도 있습니다.

090
글라이스틴

부마민주항쟁 당시 주한 미국 대사

● 풀 네임은 윌리엄 글라이스틴 주니어입니다. 1926년생인 그는 1978~81년 주한미국대사로 근무했습니다. 그는 재임 기간 한국 현대사의 큰 사건인 부마민주항쟁과 박정희 대통령 살해, 신군부 쿠데타 등이 있었습니다. 박정희 대통령이 김영삼 국회의원을 제명했을 때 지미 카터 미국 대통령이 그를 소환하기도 했습니다.

김재규 중앙정보부장이 박정희 대통령을 저격한 뒤 열린 군사재판에서 범행의 배경으로 "한미관계가 최악에 이르러 더는 두고 볼 수 없었다."라고 밝힌 것에 대해 그는 "쓰레기 같은 소리."라며 신경질적인 반응을 보였다고 합니다. 2002년 급성 백혈병으로 사망했습니다.

그가 10·26사태가 일어난 후 박정희 대통령을 만난 순간을 떠올리며 28일 쓴 CIA 보고서가 있습니다.

"내가 워싱턴에서 돌아온 날부터 박이 죽을 때까지 며칠 동안 나는 체제 내에 정부의 강경정책이 한국을 어디로 이끄는가에 대한 우려가 팽배했다는 느낌을 받았다. 거의 모든 부분, 모든 수준에서 사람들은 그들의 불안감에 대해 토로했다. 잘못된 결정을 하는 사람으로 박 대통령을 지목했다. 박 자신도 강경책에 대해 스스로 의문을 제기하는 것으로 보였다."

그가 작성한 미국 국무부 문서에는 부마민주항쟁이 이전과 구별되는 새로운 정치적 사태라고 표현한 것이 있습니다. 다시 말해 박정희 대통령이 얼마나 충격을 받았을지 간접적으로 보여줍니다.

091
1084일

부마민주항쟁 관련자 중
가장 오랫동안 구금된 기간

1979년 10월 17일 부산 남포동 일대에서 시위에 참여한 황창문(26·노동자)은 남포파출소 방화 혐의로 경찰에 체포돼 1084일 구금됐습니다. 남포파출소는 부마민주항쟁에서 가장 먼저 시위대의 공격을 받은 파출소였습니다.

전날인 16일 오후 8시50분께 500여 명의 시위대가 파출소에 돌과 유리병을 던졌습니다. 17일에도 남포동에 위치한 남포파출소는 시위대의 공격을 받았습니다. 밤 9시30분께 시위대가 돌을 던졌는데 이 과정에서 불이 나 책상 3개가 반소되고 창유리 27개가 깨졌습니다.

경찰은 화재의 원인을 방화로 단정했습니다. 경찰은 연행자 가운데 영광라이터 금형공인 황상윤과 노동자 황창문, 경남공고 3학년 옥상렬을 방화범으로 지목했습니다. 세 사람 가운데 유일하게 시위에 참여한 황창문은 경찰의 고문에 못 이겨 허위사실을 자백했습니다. 결국 군법재판에 회부돼 징역 5년을 선고받았습니다. 항소하자 징역 3년으로 감형됐습니다. 상고했으나 기각돼 1982년 8월 15일 형집행정지로 석방됐습니다. 무려 1084일을 억울하게 옥살이를 한 것입니다. 출감 후 고문 후유증으로 여겨지는 폐결핵 진단을 받아 투병하다가 1996년 억울하게 세상을 떠났습니다. 경찰이 어떻게 한 사람의 인생을 망칠 수 있는지 여실하게 보여준 사건이었습니다. 진상규명위는 2016년 8월 8일 제21차 위원회에서 황 씨를 항쟁 관련자로 의결했습니다.

김영일 씨는 10월 20일 부산 보수동 소재 의원에서 부마민주항쟁 관련 대책을 논의한 이유로 계엄합동수사본부에 연행돼 501일 동안 구금됐습니다. 2015년 8월 24일 제9차 위원회에서 관련자로 인정받았습니다.

노승일 씨는 500일간 구금됐습니다. 국가보안법 위반으로 인한 감시대상자였던 그는 유언비어 유포 혐의로 체포돼 합동수사본부 조사 과정에서 고문으로 몸에 상처를 입었습니다. 2015년 4월 6일 제5차 위원회에서 관련자로 인용됐습니다.

092
313명

2021년 11월 말 기준
부마민주항쟁 관련자 수

2021년 11월 말 현재 부마민주항쟁진상규명및관련자명예회복심의위원회가 심의해 의결한 관련자 수입니다. 피해자 추산 인원 1500여 명 중 472명이 피해사실 신고서를 위원회에 제출했습니다. 피해자들의 신청률이 높지 않은 이유는 오랜 시간이 지나서입니다. 사실 관계를 입증하기 어렵거나 생활지원금 지급 대상이 30일 이상 구금자에 국한돼 있기 때문입니다. 92%가 훈방 및 즉결심판 처분을 받았습니다. 총 528건이 접수됐고 피해 유형은 총 653가지에 이릅니다.

위원회는 2014년 10월 13일부터 활동해 유치준 씨를 사망자로 상이 79건, 구금 285건, 해직 및 학사경고 31건, 수배 8건을 인용했습니다. 위원회는 또 2021년 11월 말 현재 상이보상금 43건, 생활지원금 63건을 지급하기로 결정했습니다. 상이보상금으로 총 21억9000만 원, 생활지원금으로 4억3700만 원을 지급하기로 결정했습니다.

진상 규명과 보상은 기본 조사 과정이 끝나면 '부마민주항쟁보상법 시행령' 제8조에 따라 설치된 '관련자 및 유족 여부 심사 실무위원회'에서 1차적으로 관련자 여부를 심의·의결합니다. 그 다음으로 위원회에서 이를 심의·의결합니다. 그 결과에 대해 신청자가 불복하면 시행령 제26조에 따라 재심의를 신청할 수 있습니다.

093
삼청교육대

전두환이 삼청계획 5호에 따라 만든 수용소

• 수용자들은 극강의 훈련을 받았고 가혹행위를 당했습니다. 사회에 존재하는 범죄자 및 인간쓰레기를 모아 훈련을 시켜 교화한다는 명목으로 설립했습니다. 하지만 실제로는 전두환 반대파와 김영삼 김대중을 지지하는 재야 지지자들도 끌려갔습니다. 보안사령관 재직 시절 하나회 축출을 시도했고 전두환 집권을 반대한 강창성은 2년 동안 네 차례나 끌려갔습니다. 주로 21사단에서 운용했는데 3·12·33사단, 특전사, 여군교육대 등 전국 26개 부대에서 삼청교육대를 설립해 운용했습니다.

부마민주항쟁에 참여한 사람들 일부가 이후 삼청교육대에 끌려갔습니다. 불순분자로 낙인이 찍혔던 것입니다. 부마민주항쟁 이후에도 관련자들에 대한 국가의 감시와 사찰이 지속됐기 때문입니다. 2021년 11월 말 현재 의결된 관련자 313명을 대상으로 조사했더니 39명이 감시와 사찰로 피해를 봤다고 주장했습니다.

094 광주민주화운동

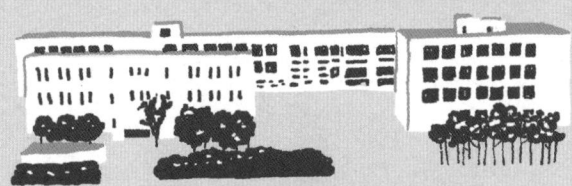

1980년 5월 18일 광주에서 일어난 민주화운동

• 전두환으로 대표되는 신군부가 권력을 장악하는 과정에서 광주 시민을 학살한 사건입니다. 한국현대사의 가장 큰 아픔 중 하나입니다.

부마민주항쟁은 국민 기본권을 억압한 유신체제에 대한 저항이었다면 5·18 민주화운동은 유신체제를 연장해 집권하려는 신군부에 대한 항쟁이었습니다. 부마민주항쟁이 일어난 뒤 7개월 만에 일어난 5·18은 부마민주항쟁의 영향을 받았습니다. 민중의 저항 방식도 그러했지만 군부의 진압 방식 역시 부마민주항쟁을 통해 배운 점이 있었습니다. 부마민주항쟁의 경험은 5·18과 1987년 6·10항쟁으로 이어졌습니다. 이는 1979년 작성된 국군보안사령부의 「부마지역 학생소요사태 교훈」에 나타납니다.

군은 부마민주항쟁을 통해 압도적 군사작전으로 초기에 시위대의 기세를 제압해야 한다고 생각했습니다. 그래서 계엄군이 5·18민주항쟁 초기부터 강력하게 진압한 것입니다. 이는 공수부대가 투입된 것에서 알 수 있습니다. 부마민주항쟁 당시 계엄령이 발동되고 공수부대가 투입되자 항쟁은 주춤했습니다. 신군부는 5·18이 일어나자 재빨리 공수여단을 광주에 보냈습니다.

　육군본부가 각 군사령부에 보낸 「소요사태 대비 지침」을 보면 군의 지시 사항 변화를 알 수 있습니다. 부마민주항쟁 당시 계엄사령부의 업무를 기록한 「부마사태3」을 보면 소요사태에 대비한 4개항의 지침이 나옵니다. 이 지침에는 병력 투입의 법적 근거와 투입 방법, 최초 단계에서 진압할 것 등이 나옵니다. 하지만 부마의 경험을 토대로 보강한 이후 8개항의 지침이 새로 만들어졌습니다. 그 중에서 '소요 집단을 진압하는 과정에서 과감한 행동으로 위압감을 주도록 할 것, 재활동이 불가하도록 조치할 것'이 눈에 띕니다. 재발 요인을 없애도록 한 지침이 5·18 시위에 참여한 시민을 향한 발포로 이어졌습니다.

　광주민주화운동을 주도한 인물은 부마민주항쟁의 시민 의거적 성격을 인식하고 시민 참여를 적극적으로 시도했습니다.

　황석영은 1985년 쓴 『죽음을 넘어 시대의 어둠을 넘어』(창비)에서 "1979년 10월부터 1980년 5월까지 광범위한 민주화 대행진은 부마민주항쟁이라는 파도를 간과하고서는 논리가 성립될 수 없었다. 부마민주항쟁과 독재의 끝장은 거대한 파도가 되면서 5월까지 밀려오게 된다."라고 밝혔습니다.

095
걸개그림

부마민주항쟁을 한눈에 보다

● 대형 화폭에 그려서 건물의 벽에 거는 큰 그림을 말합니다. 민주화운동 시기 미술 분야 민주인사들은 대형 걸개그림을 그려 국민의 민주화 열망을 표현했습니다. 1980년대 민주화운동과 노동운동이 활성화하면서 자주 나타났습니다. 강렬하면서도 선동적인 색채가 특징입니다. 1987년 6월 항쟁에서 내걸린 「한열이를 살려내라」라는 그림이 유명합니다.

부마민주항쟁기념재단은 항쟁 40주년을 맞은 2019년 '시민과 함께 그리는 걸개그림' 행사를 열었습니다. 시민이 직접 채색작업에 참여했습니다. 이른바 「부마민주항쟁 부활도」입니다. 곽영화 작가가 원작을 그렸습니다. 그림은 선언문과 태극기를 든 부산대생과 이를 폭력적으로 진압하는 박정희 대통령의 모습이 나와 있습니다. 밤에도 전등 아래에서 바느질하는 여성노동자들의 모습도 눈에 띕니다. 부산에 계엄령이 선포됐다는 신문기사와 당시 시민 항쟁의 중심지였던 부영극장도 보입니다.

096
부마민주항쟁 발원지 표지석

부산대 건설관 앞

● 부산대 건설관 앞에는 "유신 철폐, 독재 타도" '민주주의의 신새벽 여기서 시작하다'는 글귀가 적힌 표지석이 있습니다. 건설관은 부마민주항쟁 당시에는 도서관이었습니다. 부마민주항쟁은 1979년 10월 16일 도서관 앞에서 시작됐습니다. 이를 기념하기 위해 항쟁이 일어난 지 20년 만인 1999년 세웠습니다. 부산민주항쟁기념사업회와 부산대 민주동문회가 부마민주항쟁 20주년을 맞아 이를 건립한 것입니다.

표지석은 장방형의 아랫돌 위에 옆으로 긴 모양의 윗돌을 얹은 형태입니다. 아랫돌에는 '부마민주항쟁 발원지 표지석. 이곳은 1979년 10월 16일 유신독재에 항거하여 민주의 횃불을 높이 들어 압제를 불살라 버린 역사의 현장이다. 이에 부산민주항쟁기념사업회와 부산대학교 민주동문회는 부마민주항쟁 20주년을 맞아 세월의 물살에도 깎이지 않을 우람한 뜻 하나를 세워 청사에 길이 전하고자 한다. 1999. 10. 16. 글쓴이 신영복'이라고 돼 있습니다.

부산대에는 표지석 외에 부마민주항쟁을 기념하는 것으로 건설관 옆에 10·16기념관(구 효원회관)과 제1도서관 앞 10·16부마민중항쟁탑 등이 있습니다. 1988년에 세워진 부마민중항쟁탑은 부산대에 건립된 최초의 부마민주항쟁 기념시설입니다. 부산대에서 가장 오랜된 10·16기념관은 효원회관을 개조한 예술문화공연 공간입니다. 10·16민주항쟁의 정신을 계승하고 성숙한 민주주의로 발전하기를 염원하는 부산대인의 여망을 담고 있습니다. 2019년 10월 16일에는 부마항쟁 40주년 기념 표지석이 부산대 자연과학관 옆 녹지공간에 세워졌습니다.

097 부마민주항쟁보상법

진상 규명, 관련자와 유족의 명예 회복, 실질적인 보상 목적

● 2013년 6월 4일 부마민주항쟁관련자의 명예회복 및 보상 등에 관한 법률이 제정됐습니다. 다른 과거사 청산 관련 법률에 비해 많이 늦었습니다. 이 법의 목적은 진상을 규명하고 관련자와 유족의 명예를 회복시키며 실질적인 보상을 함으로써 인권 신장과 민주 발전, 국민 화합에 이바지하고자 했습니다.

1979년 10월 16~20일 전후해 부산 마산 창원 등에서 유신체제에 대항해 발생한 민주화운동을 그 대상으로 합니다. 진상규명과 명예회복을 위해 진상규명및관련자명예회복심의위원회를 두도록 했습니다.

보상은 국가가 적법한 행위로 국민에게 재산상의 손실을 주었을 때 그것을 갚아주는 행위를 말합니다. 이와 달리 배상은 국가의 위법한 행위로 인한 손실을 갚는 것입니다. 보상법에는 보상금을 지급하되 보상은 배상으로 본다고 규정했습니다. 5·18민주화운동과 마찬가지로 부마민주항쟁에서도 국가의 위법한 공권력 행사를 인정했습니다.

관련자로 인정되면 장해보상금과 생활지원금을 지급합니다. 상이자는 전문 자격을 갖춘 의사로 구성된 장해등급판정실무위원회 회의를 거친 후 장애등급을 의결합니다.

보상금은 시행령 제18조의 2에 따라 사망자와 행불자의 경우 기준임금에 당시 나이별 호프만계수를 곱한 금액을 지급합니다. 상이자에게는 기준임금에 당시 나이별 호프만계수와 장해등급에 따른 노동력 상실률을 곱해 산출한 금액을 지급합니다.

생활지원금의 지급 대상은 항쟁과 관련해 30일 이상 구금된 자와 재직기간 1년 이상인 해직자입니다. 그 외에 상이를 입은 자 또는 질병을 앓고 있는 자로서 그 정도가 경미해 장해등급을 판정할 수 없을 때 지급합니다. 보상법은 항쟁 기간의 정의와 조사 기간 연장 등을 내용으로 총 3회 개정됐습니다.

098
부마민주항쟁진상
규명위원회

부마민주항쟁진상 규명 및
관련자명예회복심의위원회

● 부마민주화운동이 한국 민주화운동의 4대 운동임에도 역사적 사건의 실상과 성격을 공식적인 차원에서 체계적으로 정리하지 못했습니다.

대법원은 2018년 11월 29일 부산지구 계엄사령관 박찬긍이 부마민주항쟁을 진압하기 위해 발동한 계엄포고를 위헌무효라고 판결했습니다.

부산민주항쟁기념사업회 이규정 이사장과 상임이사이자 부산민주공원 관장인 차성환이 부마민주항쟁의 시위와 수사 과정에서 인권 침해를 받은 사실이 있다며 이에 대한 진실 규명을 신청했습니다. 진실과화해위원회는 2010년 5월 25일 가혹행위와 인권을 침해한 사실이 있다고 결정했습니다. 하지만 이는 일부 사례를 밝혔을 뿐 민주항쟁이 발생한 근본적인 원인과 전반적인 진상 규명에는 한계가 있었습니다.

2013년 국회 본회의에서 '부마민주항쟁 관련자의 명예회복 및 보상 등에 관한 법률안'이 가결되고 같은 해 6월 4일 법이 제정됨으로써 명예회복과 보상에 관한 길이 열렸습니다. 5·18보상법이 1990년, 민주화보상법이 2000년에 제정된 것과 비교하면 상당히 늦은 셈입니다. 이듬해 10월 13일에는 부마민주항쟁진상 규명 및 관련자명예회복심의위원회가 출범했습니다. 국무총리 소속인 위원회는 부마민주항쟁의 진상 규명, 관련자 보상금 심의 결정 및 지급 등을 수행했습니다.

2014년 10월 13일 제1기 위원회가 출범했습니다. 2년 기한의 1기 위원회 위원장으로 구욱서 변호사(전 서울고법원장)가 맡았습니다. 제2기 위원회는 2016년 10월 6일부터 2년간 활동했습니다. 2018년 2월 23일 부산시의회 대회의실에서 부마민주항쟁 진상조사 결과 보고회가 열렸습니다.

하지만 3년 넘게 조사했지만 주로 항쟁 진압 주체 위주의 서술, 피해자 수에 비해 입증자료 부족으로 일부만 인용된 점, 조사 자료 미비, 경찰과 검찰 심문조서 미비 등이 지적됐습니다. 당시 구류자 650명으로 추산됐으나 입증할 자료가 부족해 153명만 인용했습니다. 그래서 활동을 더 연장해야 한다는 목소리가 컸습니다. 2018년 10월 6일부터 제3기 위원회가 2년간 다시 더 활동했습니다. 홍순권 동아대 명예교수가 위원장을, 차성환 전 민주공원 관장이 상임위원을 맡았습니다.

제4기 위원회는 2020년 10월 6일부터 2년간 활동합니다. 위원장과 상임위원을 포함해 대부분의 의원이 연임돼 활동을 펼쳤습니다. 4기에 걸친 위원회는 지난 9월 말 현재 총 498건을 심의해 이 중 388건을 관련 사건으로 인용했습니다.

099
사망자

사망자가 있었다!

● 부마민주항쟁이 다른 민주화운동보다 덜 알려진 것은 사망자가 없었기 때문입니다. 하지만 진상 규명 기간 사망자가 있다는 사실을 알게 됐고 심의 끝에 공식 인정하게 됐습니다. 진상규명위는 2019년 9월 5일 54차 회의에서 유치준(1928년생) 씨를 최초 사망자로 결정했습니다. 그는 항쟁 당시 경남 마산시 봉암동 수출자유지역 건설현장의 노동자였습니다. 10월 19일 오전 5시께 마산시 산호동에 있던 새한자동차 마산영업소(현 창원직업전문학교 건너편 일대) 앞길에서 변사체로 발견됐습니다.

고인의 유족은 2018년 6월 15일 진상규명위원회에 고 유치준 씨를 항쟁 관련 사망자로 신고했습니다. 사실 이보다 앞선 2014년 11월 3일 신고했으나 위원회 활동을 불신해 2016년 8월 18일 신고를 철회했습니다. 유족은 18일 오후 6시께 일을 마치고 귀가하던 중 경찰의 폭력진압으로 사망했다고 주장했습니다. 고인이 사망 당시 주민등록증을 소지하고 있었음에도 경찰이 신원미상으로 처리해 부검했고 부검 후 시신을 마산시 성호동 서원곡 인근 야산에 암매장했기 때문에 공권력이 사망 사실을 은폐했다는 것입니다.

고인의 사망과 관련해 의미 있는 기록은 당시 경남매일신문의 취재 자료입니다. 여기에는 '대림여관 앞 도로변에서 50여 세로 보이는 작업복 차림의 남자가 왼쪽 눈에 멍이 들고 퉁퉁 부은 채(코와 입에서 피를 흘린 채) 죽어 있었음. 정황으로 판단 타살체가 역력함'이라고 기재돼 있습니다. 이는 취재기자가 신문사에 전화를 걸어 알려준 내용을 적은 것입니다. 경찰의 검시사건부에는 '신원을 확인할 수 없는 행려사망자'로 변사자 발생 보고를 했습니다. 담당 검사는 '사체 부검하여 사인규명 후 행정처리할 것'이라고 지휘했습니다.

'부마민주항쟁진상 규명 및 관련자명예회복심의위원회'는 1979년 10월 19일 부마민주항쟁 당시 국방부 차관과 문공부 차관 등이 부산에서 '계엄업무 현지 간담회'를 열어 "계엄업무 수행 중 사상자가 발생하면 대외비로 하라."라고 지시한 사실을 확인했습니다. 진상규명위는 유 씨를 제외하고 6명의 사망자가 더 있다고 보고 조사를 벌였지만 아직 확정하지 못했습니다. 검찰 정보보고와 경찰의 사망 추정자 내부 보고를 근거로 경남지역 기자가 작성한 취재기록이 있습니다.

10월 22일 부산지방검찰청이 법무부 장관과 검찰총장에게 보낸 '부산울산지방 동향 보고'에는 각종 유언비어에 대한 보고가 있었습니다.

'탱크가 영업용 택시를 납작하게 만들어 승객 4명이 현장에서 즉사했다. 18일 오전 9시30분께 부산진구 전포동 철도교각 밑에서 영업용 택시 일방 과실로 군 탱크와 충돌한 교통사고가 있었음. 남포동에서 여학생 1명이 죽고 남학생 2명이 할복자살했다.'

그러나 기록이 단편적인 데다 이름 외 신원 정보가 부족합니다. 당시 외신 보도를 보면 AFKN은 6명이 사망했다고 보도했습니다. 보도의 출처는 지금까지 알려지지 않고 있습니다. NHK는 5명이 사망했다고 보도했습니다.

사망으로 확인은 되지 않았지만 실종자가 있었습니다. 바로 세탁노동자 제종○ 씨였습니다. 21일 오후 2시30분쯤 광복동 대각사 인근에서 지인을 기다리다가 계엄군에 끌려간 후 종적이 묘연합니다. 후배 최운수 씨가 이를 목격했습니다. 그는 가족이 없는 혈혈단신이었습니다. 그래서 실종해도 신고가 되지 않았을 가능성이 큽니다. 그는 또 세탁업계에서 고급기술자에 속해 살아 있다면 신원이 확인됐을 겁니다. 진상규명위는 생존해 있다면 그가 세탁업에 종사했을 것으로 추정했습니다. 최운수 씨는 선배 이름을 완전히 기억하지 못했습니다.

100
해직

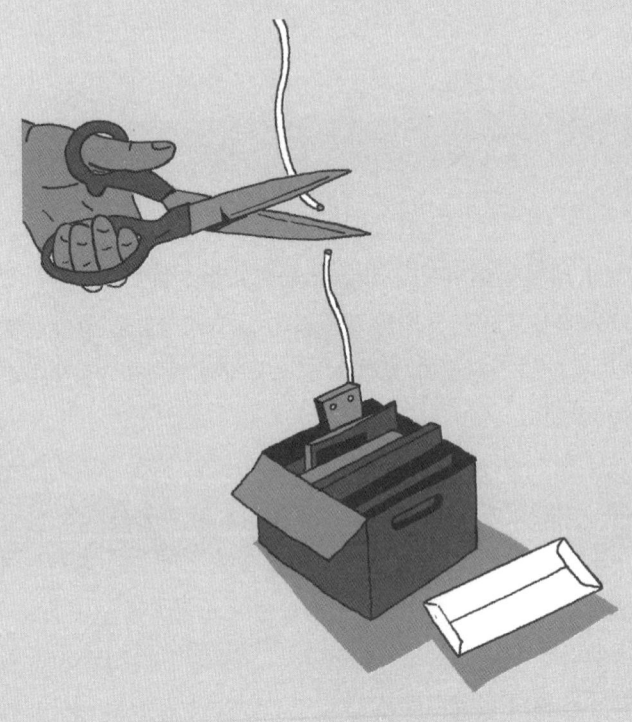

항쟁 이후에도 끈질기게 진행된
국가의 공작

● 부마민주항쟁에 뜻을 같이한 시민은 항쟁 이후에도 냉대와 차별에 시달렸습니다. 멀쩡하게 다니던 회사에서 해직당하는 일도 비일비재했습니다. 경찰에 구금된 이력 탓에 회사를 그만둬야 했던 겁니다. 다시 직장을 얻으려 해도 '또 데모하는 것 아니냐'고 묻거나, 경찰이 직접 회사에 찾아와 곤란을 겪어야 했습니다. 2020년 6월 기준 부마민주항쟁에 참여해 해직된 것으로 공식 인정된 피해자는 모두 16명입니다.

대학생으로서 항쟁에 참여한 이현호(당시 22세) 씨는 2번이나 해직을 당했습니다. 1984년 3월 한 고등학교 수학교사로 임용된 이 씨는 그 해 11월 학교장으로부터 "당신이 데모한 일이 있다며 형사가 찾아왔던데, 그냥 나가주면 좋겠다."라는 권고사직을 강요받고 학교를 나갔습니다. 이 씨는 2년 뒤 삼촌의 소개로 경기도 안산에 있는 유압기계 생산 공장에 공원으로 취직했는데, 공장장에게 불려가 "이전에 데모한 일로 공장에 형사가 찾아 왔다."라는 말을 듣고 또다시 쫓겨나야 했습니다.

부마민주항쟁을 취재했다거나 당시 계엄군의 보도검열에 항의했다는 이유로 직장을 잃은 언론인도 많습니다. 경남매일신문(현 경남신문) 기자였던 강경수(당시 33세) 씨는 1979년 10월 18일 마산(현 경남 창원시) 시위를 취재하던 중 경찰에 연행됐습니다. 이듬해인 1980년 느닷없이 군군보안사령부가 이 씨를 붙잡았고, "부마사태 때 네가 한 짓을 안다."라며 김대중이 배후에 있는 것 아니냐고 몰아세웠습니다. 이 일로 퇴사당한 강 씨는 '영구취업 불가자'로 분류돼 7년 동안 언론계로 돌아갈 수 없었습니다.

101
형제복지원

'부랑자 단속' 실적 채우기에 이용되다

● 1975~1987년 부산 사상구에 있었던 전국 최대 규모의 '부랑아' 강제수용소 이름입니다. '한국판 홀로코스트'로 불리는 대규모 인권 유린 사건이 벌어진 곳이기도 합니다. 무연고자나 장애인, 고아 등을 불법적으로 감금한 뒤 강제로 일을 시켰고, 이 과정에서 폭행이나 성폭력 같은 학대를 일삼은 것은 물론 심지어는 살해하기도 했습니다. 형제복지원이 운영된 12년간 확인된 공식 사망자만 500명이 넘습니다.

그런데 2020년 이후부터 부마민주항쟁에 참여했다는 이유만으로 형제복지원에 수용된 이들의 증언이 확보되고 있습니다. 제정화(당시 22세) 씨는 부마민주항쟁 이튿날인 1979년 10월 17일 당시 동아대 학생들을 중심으로 국제시장 일대에서 스크럼을 짠 시민 가두행진을 구경하고 있었습니다. 시위를 진압하던 경찰의 곤봉에 맞아 기절한 그는 즉결심판을 받아 구류 15일을 선고받았습니다.

풀려난 뒤에도 제 씨 근처에는 감시망이 따라붙었습니다. 경찰이 이웃들에게 그의 근황을 물어대는 통에 늘 불안할 수밖에 없었습니다. 1983년 10월 경찰은 아무 이유 없이 제 씨의 집에 들이닥친 뒤 그를 형제복지원으로 데려갔습니다. 매일같이 강제노역과 구타에 시달린 그는 동료가 맞아죽는 모습을 보고는 4년 만인 1987년 형제복지원을 도망쳐 나왔습니다.

일부는 경찰과 공안 당국이 부랑아 소탕 실적을 채우려고 부마민주항쟁 관련자 정보를 악용한 것 아니냐고 의심합니다. 여기에 더해 항쟁 참여자들을 일제히 잡아들여 더욱 고통을 줄 의도였다는 해석까지 나오고 있습니다.

102 국가기념일

10월 16일

• 부마민주항쟁이 4대 민주화운동임에도 국가기념일로 지정되지 못했습니다. 부산과 마산 민주화운동단체와 지역 언론, 정치권이 합세해 부마민주항쟁을 국가기념일로 지정하기 위한 작업에 힘을 보탰습니다. 2019년 결실을 보게 돼 10월 16일을 국가기념일로 지정됐습니다. 9월 17일 부마민주항쟁 기념일을 국가기념일로 지정하는 개정안이 국무회의에서 의결됐습니다. 국가기념일이 되면서 기념일 기념식을 국가가 주관하게 됐습니다.

국가기념일로 지정되자 문재인 대통령은 "국민의 힘으로 유신 독재를 무너뜨린 위대한 역사를 마침내 모두 함께 기릴 수 있게 돼 뜻깊다. 국민이 걸어온 민주주의의 길을 기리고 국민이 세운 민주공화국의 이정표를 올바로 기념하는 일은 정부가 마땅히 해야 할 책무다"고 밝혔습니다.

부산과 마산 시민은 그동안 부마민주항쟁의 역사적 가치를 제대로 평가해야 한다는 일념 아래 줄기차게 활동했습니다. 2018년부터 벌어진 100만 명 서명운동에는 7개월여 만에 60만 명이 동참하는 성과를 거두기도 했습니다. 이런 열망을 받아들인 정부가 2019년 7월 '각종 기념일 등에 관한 규정 일부 개정안'을 입법예고하면서 국가기념일은 눈 앞에 펼쳐지게 됐습니다.

국가기념일을 두고 10월 16일이냐, 18일이냐를 두고 설전이 벌어지기도 했습니다. 부산에서 부마민주항쟁이 시작된 날이 10월 16일이고, 마산에서 시작된 날은 18일이기 때문입니다. 부산과 마산 사람들은 합의해 전문가들에게 의견을 구했고, 그에 따라 10월 16일을 국가기념일로 정했습니다..

103
10월의 이름들

국제신문이 제작한
부마민주항쟁 다큐멘터리

● 국제신문이 보도한 「다시 쓰는 부마민주항쟁 보고서」를 바탕으로 항쟁 당시에 참여한 일반 시위자의 증언을 중심으로 제작했습니다. 40년 전 항쟁에 참여했던 이들의 기억을 풍부한 영상자료와 함께 되살려내 항쟁을 재조명했습니다. 항쟁 당시 대학생 재봉사 금형기술자 전투경찰 노동자 버스기사 광고기획자 사진기자였던 인물이 자신이 겪은 부마민주항쟁을 증언했습니다. 영화에서는 기사에서 다루지 못한 항쟁 참여자들의 삶을 집중적으로 풀어냈습니다. 2021년 10월에 열린 부산국제영화제 다큐멘터리 경쟁 부문에 공식 초청됐습니다. 국제신문은 완성된 다큐를 부산 울산 경남교육청과 대학, 민주화운동 단체에 무상으로 기증했습니다. 학생들에게 필요한 역사체험 교재로 사용될 계획입니다.

부마민주항쟁을 다룬 다큐는 이 외에도 여러 편이 더 있습니다. 특히 40주년을 맞은 2019년 제작된 작품이 많습니다. 「기억하라 1979」는 부마민주항쟁 기념재단이 제작을 지원한 영화입니다. 재단과 부산MBC가 업무협약을 체결해 1부 '부마를 보았다', 2부 '잊혀진 영웅들'로 제작했습니다. 1부에서는 40년 만에 처음 밝혀진 전두환 당시 보안사령관의 부마민주항쟁에서의 행적을 추적했습니다. 2부에서는 부마민주항쟁의 잊힌 희생자들을 다룹니다. 불법연행자 1563명 중 중상자가 200여 명에 이르고 특히 주동자로 지목받았던 이들은 아직도 고문의 트라우마에 시달린다는 내용을 다뤘습니다.

KBS부산총국은 2019년 부산대 출신 배우 유재명과 함께 항쟁의 발자취를 따라간 「1979, 부마」를 제작해 방영했습니다.

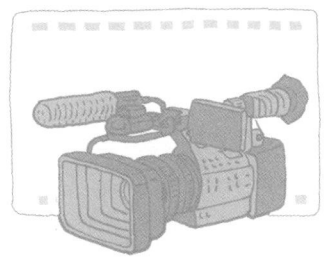

　MBC경남은 항쟁 40주년 특집 다큐멘터리 「역사의 바람, 마산을 일깨우다」를 제작했습니다. 항쟁의 유일한 사망자인 '유치준 사건'을 다뤘습니다. 당시 검찰과 경찰의 사망보고서와 검안보고서, 유족의 진술 등을 토대로 유 씨가 항쟁 과정에서 숨진 사실이 있음을 보여줍니다. 부마민주항쟁이 일어나게 된 정치·경제·지역적 배경 등도 짚었습니다. 당시 항쟁 참가자와 진압 경찰의 증언과 당시를 살았던 시민의 진술도 생생하게 보여주었습니다. MBC경남은 20부작 라디오 드라마 「79년 마산」도 제작해 방송했습니다.

　언론사가 제작한 것 외에 영화인이 제작한 것도 있습니다. 정기평 감독은 「1979 부마의 기억」의 메가폰을 잡아 부마를 조명했습니다.

에필로그

우리 민주주의는 그냥 주어지지 않았다.

정영배 부마민주항쟁기념재단 사무처장

청소년 여러분, 반갑습니다.

부마민주항쟁이 4·19혁명, 5·18민주화운동, 6월항쟁과 함께 우리나라의 4대 항쟁이라는 것을 모르는 청소년도 적지 않으리라 생각합니다. 부마민주항쟁은 4·19혁명의 정신을 군인들의 쿠데타로 짓밟고 18년 동안 유신헌법 등으로 독재했던 박정희 정권에 대항해 일어난 민주화운동입니다. 박정희 대통령의 죽음과 함께 유신독재를 무너뜨린 중요한 사건이 부마민주항쟁입니다. 이후 전두환 신군부 세력이 다시 12·12 쿠데타를 일으키자 1980년 수많은 대학생들이 들고 일어난 '서울의 봄'과 5·18민주화운동, 1987년 6월항쟁까지 이르는 민주화운동의 토대였습니다. 부마민주항쟁은 한국 현대사의 중요한 이정표였지만 2019년에야 비로소 국가기념일로 지정되면서 그 의미가 재조명되고 있습니다.

부산에서 일어난 '부마민주항쟁'에 대해 얼마나 알고 있나요? 우리나라 4대 민주항쟁 중 가장 낯선 항쟁이 아닐까 합니다. 4대 항쟁 중 가장 늦게 국가기념일로 지정되어 이제야 그 의미를 찾아가고 있기 때문이지요. 이러한 때에 부마민주항쟁을 시민과 청소년들이 쉽게 이해할 수 있도록 국제신문사가 『청춘의 함성, 시민의 합창 – 키워드로 읽는 부마민주항쟁』이라는 책을 출간한다는 소식에 반가움을 금할 길이 없습니다. 다양한 키워드를 통해 부마민주항쟁의 면면을 알아가면서, 이곳 부산이 '민주화의 성지'였음을 알고 긍지와 자부심을 갖게 되길 바랍니다.

에필로그

　이쯤 되면 부마민주항쟁에 대한 이야기를 안 할 수 없겠죠? 자, 그럼 먼저 부마민주항쟁은 왜 일어났을까요?

　1970년대 말 세계 경제의 침체로 수출 경기는 악화되고 한국 경제는 위기에 빠졌습니다. 정부는, 대기업의 중화학공업에 대한 중복과잉 투자 같은 문제는 묵과하고 오히려 대기업에 더 많이 지원했습니다. 교통요금과 연탄값, 기름값 같은 생활 물가가 인상되는 등 고통이 심화되는데도 특별한 대책 없이 부가가치세를 도입하여 서민의 생활고는 더욱 심해졌습니다. 신발 섬유 등 경공업 위주의 경제정책이 철강 조선업 등 중공업 위주로 바뀌면서 섬유, 신발산업 노동자의 불안감은 커져만 갔습니다.

　특히 부산은 신발 의류 합판 등 영세한 규모의 공장이 많았는데, 경제정책의 변화로 경제 상황은 더욱 악화되었습니다. 임금은 전국 평균에도 미치지 못했고, 부도율은 전국 평균의 2.4배를 기록했으며 실업률도 높았습니다. 마산도 상황은 비슷했습니다. 1979년 마산수출자유지역 부도율은 전년도 배 이상인 37%로 상승했습니다. 당시 마산수출자유지역에서 일하던 노동자의 일기 속에서도 당시 도시 노동자의 삶이 얼마나 어려웠는지 짐작할 수 있습니다.

　"하루를 일하면 고작 2100원을 주면서 하루 빠지면 6630원이나 월급에서 빼버리니 아파도 쉴 수가 없다... 하루 12~13시간 일해도 월급이 너무 적다. 더구나 월급의 절반이 방세로 나가다 보니 저축은 생각지도 못한다. 절약하기 위해 친구와 같이 살아도 부족한 건 매한가지다. 연탄값, 쌀값을 빼고 나면 반찬을 살 돈이 없어 김치 하나만 담가 놓고 먹는 게 고작이다. 그나마 아침을 굶을 때가 많았으니까..."

　박정희 정권의 독재체제는 계속되었고, 경제는 불황에 빠져 헤어나지 못하자 국민의 불만은 커져 갔습니다. 1978년 치러진 제10대 국회의원 선거에서 야당의 승리는 독재에 저항하기를 바라는 국민의 열망이 드러난 것으로 볼 수 있습니다. 이듬해 8월 서울에서는 170여 명의 YH무역 여성 노동자들이 회사 측의 일방적인 폐업 조치와 해고에 항의하며 야당인 신민당사로 찾아가 농성을 하는 일이 일어납니다. 어떻게 된 일일까요?

YH무역은 1966년 10여 명의 사원으로 출발한 가발회사로 수년 만에 노동자 4000여 명이 일하는 수출 규모 1000만 달러에 이르는 큰 기업으로 급성장합니다. 가발을 생산하는 대부분의 노동자들은 농촌에서 상경한 10, 20대 여성 노동자들로 하루 12시간 넘게 일하면서도 당시 노동자 임금 평균의 절반도 안 되는 월급을 받으면서 연장 수당도 없는 밤샘 작업에, 한 달에 이틀만 쉬면서 가발을 만들었습니다. YH무역은 유신독재 정권의 지원을 등에 업고 여성 노동자들을 착취하여 막대한 이익을 냈던 것이죠.

그러나 70년대 말 중공업 위주의 경제정책과 가발 산업의 후퇴, 수출 감소 등으로 회사 운영이 어려워졌습니다. 창립자인 장용호 회장은 미국에 백화점을 설립해 가발회사 돈을 미국으로 빼돌리고 노동자를 500여 명으로 줄였습니다. 1979년 4월에는 폐업을 선언하고 8월 6일에 다시 2차 폐업을 공고했습니다. 이에 노동자들은 경영 정상화와 정당한 임금 지급을 요구했습니다. 그러나 회사는 오히려 기숙사와 식당을 폐쇄하고 노동자들을 협박하기 위해 단전·단수를 감행했습니다.

노동자들은 자신들의 억울함을 호소하기 위해 기숙사를 탈출해 신민당 당사를 찾아갔습니다. 신민당 총재 김영삼은 여성 노동자들의 호소를 받아들였고, 노동자들의 신민당사 농성이 시작되었습니다. 그러나 박정희 정권은 노동자들의 생존권 요구를 사회 혼란을 부추기는 배후 불순분자의 사주로 일어난 것으로 몰아붙였습니다. 농성 사흘째인 8월 11일 새벽 1000여 명의 경찰 기동대가 신민당사에 난입하여 노동자들을 폭력적으로 강제 연행했습니다. 강경 진압과정에서 21세의 여성 노동자 김경숙이 옥상에서 추락하여 사망했습니다.

박정희 정권은 이 사건을 빌미로 법원에 김영삼 총재 직무정지 가처분 신

에필로그

청을 내고 9월 16일 자 뉴욕타임스에 소개된 김영삼 총재 인터뷰 내용 중 '미국이 공개적으로 박 대통령에 압력을 가해야 한다', '이를 위해 한국에 대한 원조를 중단해야 한다'라고 요구한 것을 문제 삼아 10월 4일 국회에서 김영삼 총재를 제명 처리했습니다. 이에 반발한 신민당 의원들은 10월 13일 전원 의원직 총사퇴로 맞섰습니다. 그리고 10월 16일 부산대학교에서 '유신 철폐' '독재 타도'의 함성이 터져나왔습니다.

부산대 학생들이 시내로 진출하자 수만 명의 시민들이 함께 참가하는 대규모 시민항쟁으로 확대되었습니다. 위기감을 느낀 박정희 정권은 10월 18일 자정을 기해 부산에 계엄령을 선포했습니다. 하지만 항쟁은 이미 경남대를 필두로 마산, 그리고 경남지역으로 확산되고 있었죠. 10월 20일 정오를 기해 마산 지역에도 위수령이 선포되었습니다. 박정희 정권은 부산에 계엄 선포와 동시에 총칼과 탱크로 무장한 군과 공수부대를 동원해 시민의 시위를 폭력적으로 진압했습니다. 그럼에도 불구하고 정국은 여전히 불안했습니다. 영화 「남산의 부장들」 속 한 장면에서도 나오듯이 10월 26일 이 상황을 타개하기 위해 서울 궁정동에서 박정희 대통령과 차지철 경호실장, 김재규 중앙정보부장 등이 모여 대책회의를 했습니다. 경호실장이 "캄보디아에서는 국민 300만 명을 죽이고도 까딱없었다. 우리도 시위하는 사람 200만 명 죽인다고 무슨 일 있겠습니까."라고 발언했다고 합니다. 박정희의 최측근 경호실장과 중앙정보부장의 권력다툼 속에서 중앙정보부장은 대통령과 경호실장을 저격했습니다. 부마민주항쟁으로 격화된 권력 내부의 다툼으로 18년간의 기나긴 박정희 유신독재는 막을 내렸습니다.

이렇듯 부마민주항쟁은 5·16 이후 우리나라 최초의 시민항쟁입니다. 1970년대 박정희의 영구집권까지 가능하게 만든 유신헌법 반대투쟁, 경제적 어려움 등에 대한 불만들이 표출된 적은 있었지만, 대규모 시민항쟁으로 군부독재를 끝낸 것은 부마민주항쟁입니다. 이후 서울의 봄, 5·18민주화운동, 6월항쟁으로 이어지는 민주화운동의 큰 줄기를 이루는 시발점이었습니다.

 이 책을 통해 청소년 여러분이 부마민주항쟁과 우리가 누리고 있는 민주주의가 어떻게 만들어졌는지 관심을 가져주길 바랍니다. 4대 민주항쟁에서 볼 수 있듯 민주주의는 그냥 주어지는 것이 아닙니다. 여러분이 살아갈 세상의 민주주의도 그냥 이루어지는 것이 아닐 것입니다. 앞으로 여러분이 살아갈 세상을 상상하며 오늘 내가 실천할 수 있는 행동 하나를 정해서 실천해 보면 어떨까요?

 여러분이 바로 대한민국의 미래입니다.

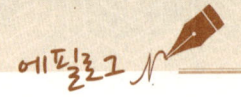

민주주의 역사라는 거인의 어깨 위에 서서

이동일 ㈜부산민주항쟁기념사업회 사무처장

줄탁동기(啐啄同機).

계란에서 병아리가 되는 결정적 장면을 표현한 사자성어입니다. 병아리가 탄생하기 위해서는 어미닭이 21일간 수정란을 품고 있어야 하고, 때가 되어 알 속의 새끼가 껍데기를 쪼아대면 밖의 어미가 함께 쪼아서 깨뜨린다고 해요. 안팎에서 동시에 알껍데기를 쫀다고 해서 '줄탁동기'라고 하지요. 떠들 줄(啐), 쪼을 탁(啄).

수정란을 품고 있는 어미닭은 싸움닭이 된다고 합니다. 알을 노리는 다른 존재의 방해를 막고 병아리의 건강한 탄생을 보장하기 위해 희생을 각오한 파수꾼이 되는 것이지요. 이렇듯 병아리라는 새 생명이 탄생하기 위해서는 여러 가지 조건이 작동해야 하는데, 인간의 역사 발전 과정도 이와 비슷합니다.

역사는 인간의 존엄성을 더 높이는 방향으로 발전한다고 생각합니다. 시대에 뒤쳐진 낡은 사회는 반드시 새로운 사회가 대체하였습니다. 새 시대에 어울리는 새 사회가 탄생하는 과정을 병아리 탄생과 비교해 볼 수 있는 것이지요.

수정란은 새로운 사회가 가져야 할 잠재적 조건에 비견될 것입니다. 이 잠재력을 현실화하기 위해서는 어미닭이 수정란을 소중히 품는 것처럼, 새 사회의 탄생을 바라는 사람들이 오랜 시간에 걸쳐 정성과 노력을 기울여야합니다. 뿐만 아니라, 새 시대를 바라는 사회 구성원들은 싸움닭이 되어 사회 발전을 저해하는 온갖 조건과 세력들에 맞서 싸워야 하는데, 그 과정에서 고결한 희생도 따르지요.

　인간의 존엄성을 높이는 방향으로 역사가 발전하는 것 같다고 했는데, 이때 중요하게 생각해 볼 내용이 '민주주의'입니다. 오늘날에는 민주주의가 얼마나 잘 구현되어 있느냐가 그 사회의 발전 정도를 보여준다고 할 수 있을 거예요. 왜냐하면 의식주와 같은 기초적인 생존권을 비롯해 인간의 다양한 기본권을 보장하는 제도가 민주주의에 바탕을 두고 있기 때문이지요. 그런데 민주주의 사회는 저절로 이루어지지 않습니다.

　모든 역사 발전 과정이 그렇듯, 민주주의 제도를 도입하고 심화하기 위해서는 그것을 가로막는 여러 문제들을 해결해야 합니다. 그중에서도 독재정권을 무너뜨리는 일이 가장 시급하고 중요한 과제일 것입니다. 독재정권에 대한 시민의 저항, 이것을 '민주항쟁' 또는 '민주화운동'이라고 부르지요. 민주화운동이란 독재세력을 심판하고 민주주의를 구현하기 위한 시민의 활동이라고 할 수 있겠네요. 그 대표적 사례로 1979년의 '부마민주항쟁'을 들 수 있습니다.

　저는 1970년대에 유년기를 보냈는데, 그 때 제 또래 어린이들의 '꿈'은 대체로 대통령 아니면 과학자였습니다. 과학자 정도면 괜찮겠는데 대통령을 꿈이라고 되뇌었던 현상은 그만큼 상상력이 부족했던 현실을 반영한 것이겠지요. 지금과 많이 다르게, 당시 대통령은 법 위에 군림하던 무소불위의 권력자였기 때문에 그를 동경하던 어른들의 바람이 어린이들에게 투영되어 나타난 현상이라고 볼 수도 있을 것 같습니다. 사실은 심판해야 할 독재자인데 말이지요.

　1979년 10월 하순 어느 날, 아침식사 중에 전화를 받은 아빠의 표정이

에필로그

어두워졌습니다. 불안한 마음을 안고 등굣길에 나섰고, 여느 때와 다름없이 학교에 들어서자마자 국기에 대한 경례를 하는데 태극기가 조기로 걸려있는 거예요. 이상한 일이었지요, 현충일도 아닌데 조기라니…… '대통령 각하'께서 돌아가셨다는 선생님의 말씀을 듣고 짐짓 심각한 표정으로 귀가한 저는, 그러나 별 생각 없이 골목에서 뛰어 놀았습니다. 며칠 뒤 임시공휴일이 지정된 날에 삼촌댁을 방문해서도 밖에서 뛰어 놀았습니다. 휴일인데 '만화영화' 한 편 없이 하루 종일 재미없는 장례식만 틀어주는 TV를 원망하면서 말이지요. 영원한 대통령으로 영원히 권력의 정점에 있을 것 같았던 독재자 박정희가 쓰러진, 유신독재체제가 몰락하던 날들의 기억입니다.

당시 부산시청은 영도 입구에 있었는데, 그 며칠 전에는 버스를 타고 부산시청 앞을 지나다가 큰 길에 서 있는 탱크를 보고 놀랐던 적도 있습니다. 정지된 탱크의 무한궤도가 아스팔트 도로를 짓눌러 으깨고 있던 장면이 아직도 생생하네요. 신기한 일이었습니다. 있어서는 안 될 곳에, 있어서는 안 되는 무엇이 있었던 것이지요. 그렇습니다. 그것은 1960년 4.19혁명 이후 근 20년 간 있어보지 못했던 다른 무엇, 부마민주항쟁이 일어났기 때문입니다. 독재자가 시민의 의사 표현을 총칼로 막으려고 했기 때문입니다.

"유신 철폐" "독재 타도"를 외치는 시위대가 거리를 휩쓸고 다녔는데, 이러한 거리시위는 사실 그때는 꿈도 못 꾸던 일이었습니다. 민주화를 위해 헌신하던 사람들을 잡아다가 사형 선고를 하고 그 다음날 곧바로 형을 집행했던 서슬 퍼런 시대였으니 말이지요. 1975년 4월 9일. '2차 인혁당 사건'으로 불리는 이 만행으로 사형이 집행된 날입니다. 국제법학자협회는 이 날을 '사법사상 암흑의 날'로 선포하기도 했습니다.

아무리 독재라고 하지만 어떻게 이런 야만적인 행태를 벌일 수 있었을까요. 박정희 독재정권의 '유신체제'가 바로 일제 말의 파시즘 체제와 너무나도

닮아 있었다는 것에 그 이유가 있는 것 같습니다. 일제 침략자들이 우리 민족의 정신까지 말살시키려고 광분했던 폭력적 통치 방식을 독재정권이 그대로 따라했던 것이라고 생각하거든요. 친일파들에게 제2의 전성기를 안겨준 독재세력의 중심, 일제 강점기 때 일본 천황에게 혈서로 충성을 맹세하고 독립군 토벌에 앞장섰던 대표적 친일파가 바로 박정희였기 때문입니다.

여기서 말하는 친일파란 친일파 당사자뿐 아니라 그들을 중심으로 뭉쳐서 그들의 세계관을 이어받은 사회정치세력까지 확장해서 지칭할 수 있을 것 같습니다. 이들은 자기 개인과 가문의 영달을 위해서라면 나라를 팔아먹고도 부끄러움을 모르며, 이웃을 지옥불로 밀어 넣고도 두려워 할 줄 모릅니다. 오히려 자신을 비난하는 사람들을 순진하다고 비웃겠지요. 공공의 이익보다는, 힘 센 사람이 약자를 짓밟고 부와 권력을 다 차지하는 것이 세상의 이치라고 생각할 테니까요.

여기서 하나 생각해 볼 것이 있습니다. 이승만 박정희 전두환으로 이어지는 우리나라 독재정권들은 모두 친일파를 기반으로 한다는 공통점을 갖고 있었으며, 그에 맞서 싸워왔던 민주화운동 세력의 뿌리는 독립운동에 닿아 있다는 사실입니다. 일제 식민지에서 벗어나 새로운 나라를 세우고자 헌신했던 분들이 독립운동 세력이고, 이 노력을 방해하고 나섰던 이들이 친일파들이었지요. 대한민국 정부 수립 후 독재정권의 무자비한 탄압에도 불구하고 끝내 살아남은 독립운동가와 그 사상적 후예들이, 친일파가 중심이 된 독재세력에 맞서 시민과 함께 싸워왔던 과정을 한국민주화운동이라고 할 수 있겠습니다.

하나 더. 대학생들의 시위가 부마민주항쟁의 불씨를 당겼다는 사실도 생각해야겠네요. 대학 캠퍼스에 상주하던 사복경찰들과의 몸싸움을 이겨내고 교내시위를 시작한 부산대 학생들은 시내로 진출하였으며, 저녁에는 퇴근길 시민까지 합류한 거대한 거리 시위대를 형성하게 됩니다. 부산의 중심지에서 올려진 "유신 철폐!" "독재 타도!"의 봉화는 곧 마산으로 번져갔으며, 전

국적인 놀라움을 자아냈지요. 이렇듯 시민이 본격적으로 결합한 대중항쟁을 불러일으킨 것은 다름 아닌 청년학생들이었는데, 이런 특징은 우리나라 민주화운동 과정에서 공통적으로 나타납니다.

  4·19혁명 때는 고등학생을 중심으로 한 청소년들과 대학생들이 앞장섰으며, 5·18민주화운동과 6월민주항쟁도 모두 대학생들이 항쟁의 길을 열었고 시위 기간 내내 지치지 않는 에너지를 불어넣었습니다. 청년학생이 선두에 선 항쟁, 이것이 우리나라 민주화운동의 또 하나의 특징입니다.
  결국 우리나라 민주주의 발전은 '청년학생들이 물꼬를 트고, 독립운동의 정신을 이어받은 시민의 항쟁과 희생으로 친일독재세력을 심판한 승리의 역사'였다고 정리할 수 있겠네요. 아울러 본질적인 관점에서, 이 과정은 아직 끝나지 않았다는 사실을 명심해야 하겠습니다.

  "거인의 어깨 위에 서 있었기 때문입니다."
  근대 물리학의 아버지라 불리는 아이작 뉴턴이 말해서 더 유명해진 표현인데요, 누군가 그에게 어떻게 해서 그렇게 위대한 업적을 남길 수 있었느냐고 물었을 때 뉴턴이 이렇게 답했다고 합니다. "그것은 제가 거인의 어깨 위에 서 있었기 때문입니다. 제가 혼자 잘나고 똑똑해서 이런 일들을 이룬 것이 아니에요. 저보다 앞서 살았던 훌륭한 과학자들이 이루어 놓은 연구 성과 위에서 더 멀리 볼 수 있었습니다."

  그렇습니다. 현재의 우리가 과거의 사람들보다 더 많이 알고, 더 멀리 내다 볼 수 있는 것은 역사적 성과가 있기 때문이지요. 민주주의 역사라는 거인의 어깨 위에 올라서서 더 멀리 바라보고 오늘을 개척합시다. 새로운 시대를 만들어갈 새 세대 청년 여러분을 믿고 응원합니다.

참고 도서 및 자료

10·16부마항쟁연구소(2019), 다시 시월 1979, 산지니
경남창원교육지원청(2019), 부마민주항쟁-불꺼
국제신문, 1979년 10월 18~27일 자
부마민주항쟁기념사업회(1989), 부마민주항쟁 10주년 기념 자료집
부마민주항쟁기념사업회(2019), 부마민주항쟁 증언집-마산편 – 치열했던 기억의 말들을 엮다
부마민주항쟁기념재단(2021), 2021 부마민주항쟁 구술사료집1·2
부마민주항쟁기념재단(2019), 부마민주항쟁 구술자료 상세목록집
부마민주항쟁기념재단(2020), 2020 부마민주항쟁 구술자료집,
부마민주항쟁진상조사 및 명예회복심의위원회(2021), 부마민주항쟁 진상조사보고서
부산민주운동사편찬위원회(2021), 부산민주운동사1·2
부산시교육청·부마민주항쟁기념재단(2020), 부산민주길을걷다
민주주의사회연구소(2013), 부마민주항쟁 증언집-부산편1·2 – 치열했던 기억의 말들을 엮다
민주화운동기념사업회·김홍모(2020), 만화로 보는 민주화운동 빛창, 창비
민주화운동기념사업회·마영신(2020), 만화로 보는 민주화운동 아무리 얘기해도, 창비
민주화운동기념사업회·유승하(2020), 만화로 보는 민주화운동 1987 그날, 창비
민주화운동기념사업회·윤태호(2020), 만화로 보는 민주화운동 사일구, 창비
시월(부마민주항쟁기념재단 소식지, 2021) 여름·가을·겨울
우무석·정일근 엮음, 남송우 해설(2021), 부마민주항쟁기념사업사화집 부마인가요?
정주신(2014), 10월 부마민주항쟁, 프리마
조갑제(1987), 유고, 한길사
차성환(2014), 부마항쟁과 민중, 한국학술정보
홍순권 전재호 김선미 박영주 이은진 지주형(2016), 부마항쟁의 진실을 찾아서, 선인